اقرأ ما لا يستطيع الآخرون فعله:
أتقن مهاراتك الاجتماعية ومهارات التواصل

AF429026

Read What
Others Can't
Master Your Social and
Communication Skills
- I J Nayak

اقرأ ما لا يستطيع الآخرون فعله

أتقن مهاراتك الاجتماعية ومهارات التواصل

أنا جي ناياك

الهند
2023

محتويات

الفصل الأول: ملخص

سيكون من الرائع أن يتمكن البشر من فهم ما يحدث داخل أدمغتنا ـ وهي واحدة من أكثر الأعضاء تعقيدًا التي تم ابتكارها على الإطلاق ـ حيث تتشكل الأفكار والابتكارات العظيمة. أليس من الرائع أن يتمكن العلماء والتكنولوجيا من حل ألغازه ـ وهو مكون متكامل لا يوجد له بديل مماثل في الآلات اليوم؟

إذن ما الذي يحدث داخل أدمغتنا؟

يمكن للمرء أن يجادل بأن معرفة ما يفكر فيه الناس بالفعل من شأنه أن يساعد في تحسين الاتصالات ويحمينا من المخاطر المحتملة. قد تبدو قراءة الأشخاص مستحيلة، ولكنها قد تكون حاسمة في القضاء على التخمين الثاني أو إصدار أحكام غير صحيحة في مواقف الحياة اليومية مع زملاء العمل والغرباء والأحباء على حد سواء. ما الذي يتطلبه الأمر لتفسير الأشخاص بدقة؟ ومن الناحية المثالية، فإن الدرجات العلمية الفاخرة ستوفر معرفة كافية بآليات عملها الداخلية؛ وإلا فقد يعتمد الأمر على القوى البديهية الموروثة من الوالدين أو الأسرار الخفية التي يحتاج المرء إلى كشفها ـ أعتقد أن جميع العوامل تلعب دورًا.

حتى مع وجود كل الكتب التي كتبت عن وظائف المخ، فإن قراءة الأشخاص بدقة تظل مستحيلة. الجينات الجيدة أو أي أسرار مهمة يتم الكشف عنها عبر بحث جوجل لن تساعد أيضًا؛ لفهم الأعمال الداخلية لشخص ما حقًا يتطلب العلم ـ فهم سبب تفكير الناس في ما يفعلونه وتفاعلهم مع ما يفعلونه هو المفتاح لفهم فرد آخر يتطلب فك أسرار الأسرار المحفوظة بعناية معرفة ومراقبة وفهم الأحداث بالإضافة إلى قوى بديهية قوية للوصول إلى استنتاجات دقيقة. لكن الأهم هو العثور على الاتجاه المناسب وبدء الرحلة.

وهذا الكتاب يلخص هذا الغرض. إنه يقسم العلم إلى أجزاء يمكن التحكم فيها لتزويد القراء بجميع المعلومات اللازمة لقراءة العقول بطريقة سهلة ومثيرة للاهتمام. من خلال كل السنوات التي قضيتها في تدريس تقنيات التواصل الفعال للناس، أدركت أن المعلومات التي لا تفيد غرض الشخص بشكل مباشر يمكن أن تصبح عديمة الفائدة بسرعة ـ بينما أعرف ما يحدث للجانب الأيسر من دماغك عند رسم طائر باليد اليمنى يمكن أن يكون رائعًا، ويصبح بلا معنى إذا لم يتم التخطيط للرسم به في المستقبل.

ولذلك، قمت باختيار المعلومات العلمية بعناية والتي تم تصميمها خصيصًا لغرضك المتمثل في قراءة أفكار الآخرين. لقد تجنبت المصطلحات المعقدة وتمسكت بما هو أساسي: نتائج بسيطة مع تفسيرات واضحة.

لكن هذا ليس سوى جانب واحد من جوانب قراءة الأفكار؛ هناك الكثير. هناك الأسرار والتقييمات الذاتية والإشارات الدقيقة وحيل التواصل التي يمكن للمرء استخدامها ليصبح مستمعًا أكثر انسجامًا. أستخدم تشبيه شروق الشمس عند تعليم الطلاب كيفية إتقان أي حرفة.

أسأل طلابي عن الوقت الذي تشرق فيه الشمس كل صباح. أولئك الذين يستيقظون مبكرًا لديهم فكرة ما عندما تشرق الشمس، مقارنة بمن ينامون متأخرًا؛ لا أحد يستطيع أن يعطي دقيقة محددة لأنه لم يكن هناك أحد متحمس بما فيه الكفاية أو ملاحظ بما فيه الكفاية ليعرف متى بالضبط. لذا، أعطيهم تمرينًا ـ وهو الشيء الذي أشجعك على القيام به بنفسك الآن.

تخيل أنك تجلس في شرفتك كل صباح قبل شروق الشمس وتقرأ صحيفة أثناء احتساء القهوة ـ هل سيكون من السهل عليك معرفة متى طلعت الشمس بالضبط؟ قد تكون إجابتك أكثر دقة نظرًا لأن تواجدك هناك وقت وقوع الحادث يعطي فهمًا جيدًا لـ "النافذة الزمنية" الخاصة به.

تخيل أنك تجلس في شرفة مواجهة للشرق، وتحدق في الموقع المحدد الذي تشرق فيه الشمس، وتشاهد بينما يلون دفئها السماء بألوان ذهبية في الأفق ثم تنظر إلى ساعتك على الفور؛ ستكون دقتك منقطعة النظير في ذلك اليوم بالذات لأنك كنت على دراية بالمكان الذي تنشأ منه وتركز على المهمة التي بين يديك؛ سيعمل حدسك أيضًا، مما يتيح تقديرات دقيقة حتى بدون مراقبة مباشرة ـ ستعرف بالضبط متى ستشرق الشمس على الرغم من تغير المناطق الزمنية باستمرار!

الآن إذا سألت أحد الطلاب في أحد الفصول الدراسية عن الوقت الذي تشرق فيه الشمس، فإن أولئك الذين التزموا حقًا باكتشافها سيقدمون الإجابة الأكثر دقة. هذه هي بالضبط الطريقة التي تعمل بها قراءة الأفكار؛ فهو

يتطلب المعرفة والملاحظة والتقدير بأن كل فرد يفكر بشكل مختلف، لذلك لا يوجد حل "مقاس واحد يناسب الجميع" يمكن تطبيقه.

إن فهم جميع العوامل المتضمنة عند مراقبة شخص ما يتطلب المعرفة والالتزام. أنت بحاجة إلى استراتيجية قوية لتوجيهك في الاتجاه الصحيح ـ وهنا يأتي دور هذا الكتاب ـ أقدم لك كل ما تحتاجه لتصبح قارئًا ماهرًا. يدحض هذا الكتاب الخرافات والمعلومات غير الموثوقة المتوفرة عبر الإنترنت حول قراءة الأشخاص. على سبيل المثال، قد يشير طي الذراعين إلى موقف دفاعي؛ ولكن في غرفة باردة أو الجلوس على كرسي بدون ذراعين، يمكن أن يكون هذا السلوك ببساطة بسبب التأثيرات البيئية وليس السمات الشخصية.

إن تصديق أو قراءة "الحقائق" العشوائية التي لا أساس لها أمر غير ضروري وضار؛ سوء قراءة الناس أسوأ من عدم معرفتهم على الإطلاق! قراءة الأفكار لا تنطوي على التجسس أو التطفل ـ بل تتضمن فهم ما يعنيه شخص ما حقًا عندما يتحدث أو يتواصل معنا؛ إن فهم أفكارهم يمكّننا من إدراك مشاعرهم عند الاستجابة الحقيقة هي أن 7% فقط من التواصل يتم لفظيًا، والباقي يتم بشكل غير لفظي. تتضمن قراءة العقل فهم ما يختبره شخص آخر من خلال معرفة نواياه الحقيقية وراء ما يقوله مقابل ما لم يُقَال ـ وهو شيء يوفره هذا الكتاب الغني بالمعلومات والمدروس جيدًا أكثر من مجرد نهج نظري لقراءة العقل.

يقدم هذا الكتاب المعرفة والفهم المستهدفين، وحكايات من تجاربي الخاصة وتعلمي، ونهجًا شاملاً كاملاً لا يترك أي حجر دون أن يقلبه عندما يتعلق الأمر بفهم العالم غير المذكور. سنقوم أيضًا بفحص أنواع الشخصيات المختلفة والدوافع والأهداف حتى تتمكن من فهم كيفية تفكير بعض الأفراد بالضبط، ولماذا يتواصلون بالطريقة التي يتواصلون بها، وكيف يمكنك تحقيق الأهداف الشخصية من خلال رسائلهم ـ فلنبدأ الآن.

الفصل الثاني: مقدمة

ما هي قراءة العقل؟ للوهلة الأولى، قد تبدو قراءة الأفكار شكلاً من أشكال السحر أو الممارسة غير الأخلاقية للتطفل على أفكار الناس الخاصة وإحداث الفوضى فيها؛ معرفة أن شخصًا ما يمكنه قراءة أفكارك من المحتمل أن يسبب القلق، بغض النظر عن حالة علاقتك به؛ إن معرفة أن لديهم مثل هذه القوة يمكن أن يجعلنا نهرب في رعب ـ لا يمكن أن تكون هناك قوة عظمى أعظم من معرفة كل ما يحدث داخل أدمغتنا! ولكن في الواقع، يتعلق الأمر بالفهم أكثر من الغزو.

قراءة الأفكار تدور حول خلق الثقة عند التحدث إلى شخص ما، ومعرفة أن رسالته لن يتم تحريفها أو إساءة فهمها. تمكننا قراءة الأفكار من فهم الكلمات غير المقولة وتعزيز الاتصالات بين الأطراف المعنية ـ وهي مهارة لا تقدر بثمن ستسمح لك ببناء اتصالات أقوى على المستويين المهني والشخصي.

يميل الأشخاص المفضلون لدينا إلى أن يكونوا أولئك الذين يستمعون إلينا عن كثب ويفهموننا؛ أشخاص مثل طبيب الأطفال أو طبيب الأسنان الذين يعرفون متى لا تبدو عبارة "أنا بخير" صحيحة تمامًا؛ الغرباء في الحافلات الذين فهموا متى قمنا بتغيير وزن الجسم، والتخلي عن المقاعد عند الضرورة.

يستمع هؤلاء الأشخاص إلى احتياجاتنا وعواطفنا ويلاحظونها ويفهمونها بالتعاطف والتفهم؛ إنهم ليسوا متطفلين ولكنهم يقدمون بدلاً من ذلك دعمًا لا يقدر بثمن. وتشمل صلاحياتهم معرفة ما يجب القيام به بالضبط بالإضافة إلى امتلاك المهارات اللازمة لبناء علاقات طويلة الأمد من خلال هذه القدرة الخارقة تقريبًا ـ وهو بالضبط نوع الأشخاص الذين نتمنى سرًا أن نكون مثلهم أكثر ـ لم يولدوا بهذه القدرة ولكنهم صنعوا قرار واعي بأن يكون أكثر وعياً بالآخرين من حوله.

لقد عرف قراء الأفكار مدى أهمية التواصل الفعال؛ لقد فهموا أن الحوار الفعال يتطلب الاستماع العميق والفهم العميق لما قيل بما يتجاوز الكلمات. لقد أولوا اهتمامًا متساويًا للصمت، والنبرة، والدوافع، ونوايا المتحدثين، فضلاً عن إدراكهم لبيئاتهم وأشخاصهم مع النظر إلى ما هو أبعد من التحيزات والأحكام والقيود لتقييم المحادثات من أجل استنتاج الحقائق المخفية ـ وفي المقابل اكتساب الثقة، وفهم الاحترام كقيمة. وكذلك اتخاذ أحكام وقرارات أفضل على الصعيدين المهني والشخصي.

قراءة الأفكار تشبه أن يقوم شخص ما بترجمة لغة أجنبية لك. يمكنهم أن يفعلوا ذلك حرفيًا أو يشرحوا دوافعهم وراء بعض الكلمات التي تبدو أجنبية والتي قيلت.

إن قراءة الأشخاص ليست مجرد حرفة أو خدعة أخرى تُستخدم لغزو خصوصية شخص ما؛ بل هو فن يحترم عواطف الفرد وأفكاره.

يعد تعلم كيفية قراءة الأشخاص أحد أفضل الطرق لضمان تدفق المحادثات بسلاسة وإجرائها بدائرة كاملة. ستزيل مهارات قراءة الأفكار أي تخمين أثناء المحادثات وتستبدلها بعناصر التفاهم والرحمة وبناء العلاقات. يمكن لقدرات قراءة الأفكار أن تغير بشكل كبير التفاعلات في فعاليات التواصل أو اجتماعات مكان العمل أو عند مقابلة شخص تجده جذابًا للغاية؛ يمكن أن يكون لقدرات قراءة الأفكار تأثيرًا لا يصدق على نتائج التفاعلات بين شخصين.

قراءة الأفكار هي فن يتطلب معرفة متعمقة حول كيفية عمل الدماغ البشري، والحضور الذهني، وتجنب الأحكام وإبداء الملاحظات ـ ولكن الأهم من ذلك أنها تنطوي على إنشاء مزيج مثالي من كل هذه المتطلبات لفهم أفكار شخص آخر بغض النظر عمن هم. هي شخصيتهم أو حالة علاقتك بهم.

تعد قراءة الأفكار موضوعًا متعمقًا، لذلك سنغطي كل جانب من جوانبه على حدة قبل تقديم استراتيجيات حول كيفية تطبيق هذه الأفكار لخلق بيئة مثالية لقراءة الأفكار!

يغطي الجزء الأول كل ما ستحتاجه للبدء في هذه الرحلة لفهم الأشخاص والتواصل. فهو يوضح ما يمكن توقعه عند محاولة قراءة الأشخاص والأخطاء أو العوائق التي قد نواجهها عند محاولة تفسير ما يتواصل معه شخص آخر؛ علاوة على ذلك، فإنه يعالج بعض التحديات التي نواجهها اليوم في مجال الاتصالات دائم التطور.

الجزء الثاني يستكشف كل ما يتعلق بعقولنا. فهو يوضح كيفية عمل دماغنا ويحدد الفروق الفردية على أنها وراثية. علاوة على ذلك، سيساعدك هذا الجزء في الحصول على نظرة ثاقبة حول سبب تصرف الأشخاص بطرق معينة ويستكشف أنواع الشخصيات المختلفة ـ حتى تتمكن من رؤية الأشخاص بشكل أكثر موضوعية وإصدار أحكام أفضل عليهم.

يركز الجزء الثالث عليك وعلى ما تقدمه إلى الطاولة. هناك جانبان رئيسيان لفهم شخص ما: معرفة طريقة تفكيره وفهم طريقة تفكيرك. لسوء الحظ، غالبًا ما تعيقنا الحواجز العقلية في فهم شخص ما بشكل صحيح. إن ميلنا إلى الحكم بسرعة واستخلاص الافتراضات بناءً على التحيزات الشخصية يمنعنا من فهم الآخرين بشكل صحيح.

الجزء الرابع يستلزم أخذ كل ما تم تعلمه حتى الآن وتطبيق هذه المبادئ موضع التنفيذ. ستكتشف هنا أسرارًا واستراتيجيات صغيرة حول كيفية استنتاج المعنى الحقيقي وراء الكلمات، واكتشاف الخداع، واكتساب السيطرة الكاملة على عقل شخص آخر.

وغني عن القول أنك تشرع في إعداد كتاب كامل ومورد شامل لكي تصبح قارئًا للأشخاص من درجة ضابط التحقيق.

الجزء الأول: وضع الأساس

يتطلب بدء أي رحلة جديدة فهم دوافع الإجراء المتخذ وسبب حدوث سلوكيات معينة. أنت بحاجة إلى معرفة سبب أهمية قراءة الأفكار وتوقع أي تحديات من خلال هذه العملية؛ لماذا لا يترجم ما يتم التعبير عنه مباشرة؟

الفصل الثالث: لماذا أصبحت قراءة الأشخاص صعبة للغاية اليوم

منذ وقت ليس ببعيد، كان التواصل يتضمن الجلوس وجهًا لوجه مع شخص آخر بعينين مقفلتين معًا والحصول على متسع من الوقت لكلا منكما للتحدث والاستماع إليك. ومع ذلك، بمرور الوقت، تغيرت أساليب الاتصال بشكل كبير ـ في حين سمحت الأشكال الجديدة بالتفاعلات العالمية، فإنها أيضًا تقلل من جودة التفاعلات بسبب تعدد المهام الذي يحدث في وقت واحد مع المحادثة التي تجري بينكما. وهذا يعني أن المحادثات فقدت قيمتها.

قلة الوقت

وقتنا هو باستمرار على المحك. على الرغم من أن تقنيات اليوم توفر لنا بعض الراحة ـ فالوجبات المطبوخة مسبقًا قد تقلل من وقت تناول الطعام إلى مجرد ثوانٍ لكل وجبة، وغالبًا ما تحدد الاجتماعات الافتراضية مواعيد الاجتماعات أثناء النقل لتوفير الوقت ـ فقد أصبحت القهوة متاحة أثناء التنقل، وغالبًا ما يتم تحديد توقيت الاتصالات حول قوائم الفحص العقلي التي نعدها. خلق في عقولنا.

لقد ولت أيام التواصل البعيد التي تحد من التفاعل

لقد ولت منذ فترة طويلة الأيام التي كنا نتواصل فيها شخصيًا أو نكتب رسائل طويلة قد يستغرق إرسالها شهورًا؛ عندما يتم احتساب كل كلمة لشيء ما في مسودتها النهائية. في الوقت الحاضر، يتخذ التواصل العديد من الأشكال المختلفة، مما يحد في كثير من الأحيان من التفاعل.

يوجد اليوم العديد من وسائل التواصل مع فرد آخر: رسائل البريد الإلكتروني والرسائل النصية وتفاعلات وسائل التواصل الاجتماعي والملاحظات الصوتية ومكالمات الفيديو والمكالمات الهاتفية ليست سوى عدد قليل من الطرق المتاحة لنا للتواصل. تم استبدال مقابلة شخص ما وجهًا لوجه في الغالب باجتماعات Zoom أو مكالمات الفيديو حيث انتقلت المواضيع التي تمت مناقشتها عبر الإنترنت ـ الجانب السلبي الرئيسي هو أن هذه الأشكال من المحادثة الرقمية تحد من تجربة الحوار الشاملة.

لا تسمح لنا الرسائل النصية بقياس نبرة شخص ما وتعبيرات وجهه بدقة، لذا فإن الرد بإجابات مكونة من كلمة واحدة قد يكون بسبب الملل أو الخلاف أو تشتيت الانتباه عن التواصل مع أطراف متعددة أخرى في وقت واحد.

إن إجراء مقابلة عبر الهاتف يحد من قدرتك على فهم كيفية تلقي مسؤول التوظيف لإجاباتك ومعالجتها. نظرًا لعدم وجود تفاعل بينك وبينهم، فقد يصبح فهم الآخرين بدقة أمرًا صعبًا بشكل متزايد.

المتحدثون عبر وسائل التواصل الاجتماعي

يمكن أن يكون عدم الكشف عن هويته قوة لا تصدق؛ فهو يمكّنك من أن تصبح مسيطرًا بشكل غير مرئي بينما يمنحك القدرة على إسماع صوتك دون مساءلة؛ إن منح الآخرين إمكانية الوصول إلى ثروات لا توصف دون قيود من ضوابط جوازات السفر يشبه الحصول على أجنحة دون قيود على مكان أو وقت السفر.

إن عدم الكشف عن هويتك أثناء الكتابة يقتصر فقط على سرعة الكتابة، مما يجعلك تقول أشياء قد لا تقولها أبدًا بشكل مباشر لشخص ما شخصيًا.

تتحول الأفكار العشوائية إلى آراء، ثم تتحول بعد ذلك إلى نقاشات. أنت لا تعرف أبدًا ما إذا كان الشخص الذي ينتقد تسريحة شعرك يكرهها حقًا أم أنه كان يعاني من يوم شعر سيء بنفسه؛ إن حريتهم في التعبير تجعل من المستحيل فهم كيفية تفكير الناس وإدراكهم لمعلومات محددة.

الاتصالات العالمية عبر الثقافات

لم نعد نتواصل فقط داخل مجتمعاتنا المحلية، بعد أن امتدت الأعمال والعلاقات إلى الحدود. لقد أصبحت الثقافات متمازجة مع انتشار أساليب تفاعلنا في جميع أنحاء العالم ـ فما كان يعتبر سلوكًا محترمًا في أحد الجوانب قد يُنظر إليه الآن على أنه سلوك مهين في زاوية أخرى. سيستغرق الصعود بعض الوقت حيث نتكيف ونقبل هذه الاختلافات مع بعضنا البعض بينما نتعلم كيفية التعايش والتواصل بشكل أكثر كفاءة عبر الحدود.

لا يتعين علينا التغلب على الحواجز اللغوية فحسب، بل قد يكون من الضروري في كثير من الأحيان قبول أن عدم مبالاة شخص آخر بالتواصل البصري قد لا يكون بسبب الملل بل بسبب الاحترام. وبمرور الوقت، يجب علينا تطوير طريقة مقبولة للطرفين للتواصل بين الثقافات.

وبما أن هذه الاتصالات العالمية أصبحت أكثر تأثيرا من أي وقت مضى، فإن آثارها محسوسة بشدة في الداخل؛ غالبًا ما يؤدي إلى الارتباك والصدمة بدلاً من عدم قدرة الناس على فهم الآخرين.

منذ فترة طويلة، تركزت المحادثات حول الصيد والأسرة والأطفال والبقاء على قيد الحياة. على الرغم من أن المحادثات تركزت على هذه المواضيع، إلا أن هناك الآن الكثير مما يمكننا مناقشته ـ بدءًا من الأعمال المصرفية والاستثمارات وحتى الرياضة والتكنولوجيا وحتى التحول الرقمي، فهناك الكثير من المواضيع والمواضيع الفرعية التي يمكن مناقشتها بإسهاب.

لم تكن الاهتمامات متنوعة إلى هذا الحد من قبل؛ يمكن أن يكون الحفاظ على المحادثات بينهم تحديًا صعبًا للغاية. يمكن لعقلك أن يتجول بسهولة عند التحدث مع شخص تختلف اهتماماته كثيرًا عن اهتماماتك؛ وهذا يؤدي إلى الارتباك وسوء تفسير الإجراءات، مما يجعل قراءة أفكار شخص ما أصعب من ذي قبل.

مع تغير عالمنا بسرعة، قد يكون من الصعب مواكبة تقدمه السريع وإجراء محادثات هادفة ومثمرة مع الناس. ومن أجل القيام بذلك بنجاح وقراءتها بدقة، من الضروري أن تظل متيقظًا لهذه العوامل بينما تتطور بوتيرة متساوية.

الفصل الرابع: هل تفوتك الصورة الأكبر؟

ما الذي يتطلبه الأمر للحصول على وظيفة مذهلة؟ إذا كان الأمر يتعلق ببساطة بالتعليم المدرسي والدرجات الجامعية فقط، فلن تكون المقابلات الشخصية ضرورية. هل سبق لك أن تلقيت عرضًا بعد تصفح الملفات وأعجبت بمناصب العمل الحالية؟ وهذا أمر ،LinkedIn الشخصية للمرشحين المحتملين للوظائف على موقع مستبعد إلى حد كبير؛ لا تشير الدرجات دائمًا إلى ما إذا كان شخص ما مرشحًا مثاليًا أم لا. تهتم الشركات بشدة بعقليتك وعاداتك ومدى توافق أفكارك وقيمك مع أفكار وقيم الشركة ـ وهو الجانب الذي ينتقل إلى الحياة أيضًا. على سبيل المثال، عند اختيار شريك الحياة، لا يتعلق الأمر فقط بالبحث عن الكوميديين؛ بل يجب أن تجد شخصًا تشاركه نفس الفهم لكيفية عمل العالم من خلال الوسائل غير اللفظية مثل لمس الأيدي. صحيح أن الحياة والناس يمكن أن تكون معقدة في كثير من الأحيان؛ لا أحد يأتي بإجابة سهلة عندما يتعلق الأمر بالتواصل أو العلاقات الاجتماعية. لا يمكن دائمًا العثور على أي علامة تحذيرية تنبهنا إلى الأكاذيب أو سوء المعاملة أو سلوكيات التنمر مرئية على سطحها. أدت دراسات الطبيعة البشرية إلى العديد من الاكتشافات الرائعة. هناك أنماط في السلوك اللفظي والجسدي تكشف هذه الحقائق بدقة ملحوظة، وغالبًا ما تتم دراستها عن كثب من قبل متخصصين مخصصين لفهم هذا الجانب من وجودنا. ومن بين الأفراد الذين يقومون بهذه الأدوار عملاء سريون، وعلماء نفس، ومحققون، ومستشارون، ومحلفون. وتسمح لهم دراستهم للأنماط البشرية بتحديد ما إذا كان شخص ما صادقًا أو يخفي أسرارًا أو منخرطًا في سلوك إجرامي بسرعة ـ مما يساعدهم على اتخاذ أحكام أكثر صحة لحماية أنفسهم والآخرين من الخطر المحتمل.

وغني عن القول أن مهارات التواصل بين الأشخاص مهملة إلى حد كبير في المجتمع اليوم. ولذلك، ينبغي تدريسها في المدارس والكليات بغض النظر عن البرنامج الذي يختاره الطلاب؛ لا ينبغي أن يقتصر الأشخاص الذين يقرؤون على الدراسات النفسية فقط؛ المسوقون، الأطباء، الممرضون، المحامون، القائمون على التوظيف، الرياضيون ـ يجب على أي محترف يتعامل مع الناس أن يتعلم هذه المهارة أيضًا.

إتقان الاتصالات وقراءة الناس

القراءة هي مهارة لا تحظى بالتقدير الكافي وغالبًا ما لا يتم تقديرها، تمامًا مثل علاقتها بالتحدث. لا يفكر الجميع بنفس الطريقة ويتحدثون بنفس الطريقة ـ كل ذلك يعتمد على التربية والبيئة والعواطف وأنواع الشخصية التي تؤثر على ما نقوله ـ مما يعني أن شخصًا ما قد يقول شيئًا لشخص آخر أن يفسره بشكل مختلف تمامًا؛ في النهاية، يتلخص الأمر في القدرة على قراءة الأشخاص بدقة كافية من أجل استنتاج ما يعنيه كل شخص آخر بدقة بما يحاول قوله

العلاقات وفقًا لهنري وينكلر، فإن الافتراضات هي النمل الأبيض للعلاقات ـ وهي ملاحظة لا يمكن أن تكون أكثر صحة! بغض النظر عمن ينطوي عليه الأمر؛ الزوج أو الوالدين أو الأصدقاء أو الأشقاء: غالبًا ما تكون الافتراضات وسوء الفهم بمثابة المحفزات الرئيسية في خلق الصراع في هذه العلاقات؛ غالبًا ما يُساء تفسيره على أنه عدم اهتمام من جانبهم أو أن محاولة أحد الأشقاء أو غيرهم لمشاركة إنجاز يعتبر بمثابة فرك له. هناك أوقات عديدة طوال حياتنا اليومية يمكن فيها إخراج شيء نقوله من سياقه تمامًا أو يساء تفسيره بشكل مختلف تمامًا من إقبل الآخرين ـ مما يجعلنا نشكك في نواياهم

لو أنهم فهموا ما قصدناه حقًا، لما تم إساءة تفسير العواطف أو المظالم القلبية على أنها انفصال وشكاوى. في كثير من الأحيان نتوقع أن تلتقط العلاقات الوثيقة التلميحات الخفية، أو الحالات المزاجية، أو الرسائل المحجبة، أو التلميحات دون الحاجة إلى التعبير عن أنفسنا مباشرة؛ أليس هذا هو السبب وراء كون التواصل شكلاً من أشكال الفن: فهم ما يعنيه الآخرون دون الحاجة إلى التحدث بنفسك؟

في بعض الأحيان قد يكون من الصعب قراءة العلامات بدقة في العلاقات. إن الفهم والتركيز والعقل الواعي كلها أمور مطلوبة إذا أردنا تفسير تلك العلامات بدقة؛ بمجرد الحصول عليها يمكن أن تحدث فرقًا هائلاً في

الحفاظ على علاقات صحية. كان لدينا زوجان يعيشان في المنزل المجاور ويعتقدان أن زوجها يرتعش في كل إمرة يكذب عليها؛ ونتيجة لذلك دخلوا في معارك متكررة

في كل مرة كانت تطرح عليه سؤالاً صعباً، كنا جميعًا نراقب بعناية شفته العليا المغطاة بشارب مثير للإعجاب ونشاهدها وهي تبدأ في الارتعاش ردًا على ذلك. كان انطباعي في ذلك الوقت: أنها كانت تعرف بالضبط كيف تكتشف أنه يكذب! لم تكن هذه المعلومات تبشر بالخير لأنهم غالبًا ما كانوا يتشاجرون عليها ـ حتى بعد سنوات عندما طلبوا العلاج حيث علموا أن جسده كان يرتعش ليس لأنه كان يكذب بل بسبب العصبية! تسببت مثل إهذه الافتراضات في ضرر كبير لعلاقتهما

يمكن أن تساعدك القراءة الدقيقة للأشخاص في التغلب على مثل هذه الافتراضات، مما يتيح لك فهم العلاقات بشكل أفضل على الرغم من مدى قدرة شخص ما على التعبير عن نفسه لفظيًا.

حياة مهنية

لو كنت تعلم أن رئيسك في العمل لا يواجه مشكلات خارج مكان العمل تؤدي إلى تأخير إكمال عمله في الوقت المحدد، بدلاً من الشعور بالإحباط ببساطة بسبب تأخر تسليمه، فربما كان أسلوبك مختلفًا: تقديم الدعم المعنوي والمساحة بدلاً من ذلك من المرجح أن يؤدي انتقاد التأخير المستمر إلى روابط عاطفية أقوى معه ويمكن أن يفتح الأبواب أمام الفرص وتحسين العلاقات والعمل الجماعي الأكثر فعالية.

تتضمن معظم الوظائف العمل معًا في فرق من أجل تحقيق النتائج، سواء كأطباء أو معلمين أو مديرين. بغض النظر عن تخصصك ـ من الطب والتدريس إلى الأدوار الإدارية ـ فإن الفهم والعمل بشكل جيد مع المهنيين الآخرين أمر بالغ الأهمية في إنجاز العمل بكفاءة وبأفضل ما لديك. يجب على القادة على وجه الخصوص أن يتعاونوا مع مجموعة واسعة من الأفراد ـ يمتلك كل منهم مواهب وأوجه قصور وردود أفعال مختلفة عند مواجهة التحديات أو الانتقادات ـ من خلال فهم سبب استجابة شخص ما كما يفعل، يمكنك تصميم الاستجابات بشكل مناسب والاستفادة المثلى من قدراتهم.

تستثمر الشركات اليوم بكثافة في خلق بيئة عمل ممتعة لموظفيها، مدركة أن الموظفين هم أعظم استثمار لها ويجب أن يظلوا راضين وسعداء من أجل الأداء بأقصى طاقتهم. يتم تقديم الحوافز بشكل متزايد مع التركيز بشكل أكبر على رضا الموظفين. يجب على الشركات احترام شخصية كل موظف مع تلبية الاحتياجات العاطفية وفقًا لذلك؛ القراءة يمكن أن توفر للشركات أداة فعالة لتحقيق ذلك. يمكن للأشخاص الذين يقرؤون أيضًا مساعدة الموظفين على الاحتفاظ بالموظفين من خلال خلق جو يفضي إلى الرفاهية والإنتاجية.

الحياة الاجتماعية

الناس ضروريون لرفاهيتنا. إنهم يدعمون الرفاهية العاطفية والاحتياجات الأساسية والرفاهية العقلية العامة. يرغب جميع البشر في أن يتم الاستماع إليهم وفهمهم، لذا فإن الأشخاص الذين يوفرون مساحات آمنة للآخرين للقيام بذلك غالبًا ما يجذبون الطاقات المناسبة ـ تخيل أنك تتحدث إلى شخص يفهم بالضبط ما كنت تحاول قوله إدون الحاجة إلى تفسيرات لا نهاية لها؛ من المحتمل أن تبحث عن هذا الشخص في كل مناسبة ممكنة!

الصحة العقلية والعاطفية قد يكون فهم أفكارنا تحديًا كافيًا؛ في كثير من الأحيان تنبع ردود أفعالنا من مصادر غير ذات صلة ـ قلة النوم يمكن أن تجعلك غريب الأطوار أو ثملاً، في حين أن الأشياء الصغيرة يمكن أن تثير ردود أفعالنا بسهولة دون أن ندرك سبب حدوثها. يلعب الذكاء العاطفي دورًا كبيرًا في الحفاظ على صحتنا العاطفية والعقلية، من خلال مساعدتنا في التعرف على عواطفنا وفهمها؛ تضيف القراءة بصوت عالٍ مستوى آخر من البصيرة لأنها تتيح لنا فك رموز نوايا الآخرين بسهولة أكبر، مثل فهم أن الغضب من شريكك يمكن أن إيأتي بنفس السهولة من كونك في الثانية من العمر وقد فاتته جلسة القيلولة

يمكن أن يساعدك فهم الأشخاص على البقاء هادئًا وإيجابيًا حتى في أوقات المشاعر العالية. من خلال إبعاد نفسك عن الاستهزاء أو النوبات التي قد تبدو موجهة نحوك ولكنها في الواقع ناجمة عن الآخرين، فإن الفهم سيسمح لك بالبقاء إيجابيًا حتى في أوقات الاضطراب والصعوبات.

قد تستغرق قراءة الأشخاص وقتًا وممارسة، لكن إتقانها يستحق وقتك في إنشاء علاقات أقوى مع الآخرين ومع نفسك. في العمل، سيمكنك هذا من العمل الجماعي الأكثر إنتاجية بينما في حياتك الاجتماعية يمكنه إنشاء شبكات أقوى من الأصدقاء من خلال توفير مساحة آمنة لهم للفهم والتواصل بحرية.

الفصل الخامس: قبل المضي قدمًا، قم بمعالجة العوائق والتحيزات

ما الذي يمنعنا من فهم الناس؟ على الرغم من أن قراءة العقل بكلمة لا تزال خارج نطاق الإمكانية في الوقت الحالي، إلا أنه لم يتمكن أي قدر من الذكاء الاصطناعي أو التقدم التكنولوجي أو الطبي من فك تشفير الدوائر العصبية المعقدة داخلنا جميعًا - ومع ذلك لا يزال هناك شيء يمنعنا من الفهم الدقيق للكلمات المنطوقة. لغة؟

ما الذي يمنعك من قراءة الأشخاص بشكل صحيح؟
هل تواجه صعوبة في فهم الناس بشكل صحيح؟ إذًا ما الذي يمنعك من أن تفهم بشكل صحيح ما يعنيه الناس بأفعال وكلمات معينة؟ يجب أن تكون قراءة الأشخاص واضحة مثل فهم تعابير الوجه والنبرة والحوار من الآخرين، لكن هذا لا يحدث دائمًا - فالكلمات نفسها التي يتحدث بها نفس الأشخاص في مناسبات مختلفة يمكن أن تعني معاني مختلفة تمامًا

قد يقول لك شخص ما "أعرف ما تقصده"، إلا أن نبرة صوته قد تشير إما إلى الثناء أو الانتقاد. في بعض الأحيان، قد يكون من السهل التعرف على نبرة شخص ما؛ وفي أحيان أخرى قد لا. من الممكن أن نسيء تفسير ما يعنيه شخص ما لأي عدد من الأسباب؛ فيما يلي بعض العوامل التي تؤثر على كيفية تفسيرنا للأشخاص:

معرفته جيدًا أو عدم معرفته جيدًا: عندما تتعزز علاقتك مع شخص ما، تزداد توقعاته منك وفقًا لذلك. يتوقع أحباؤنا منا أن نفهم ما يقصدونه دون الحاجة إلى شرح أنفسهم أو التواصل بشكل فعال. "يجب أن تتحدث العيون"، عندما تعرف شخصًا ما عن كثب، لكنه غالبًا ما يخطئ في التواصل عندما لا يكون في العقلية الصحيحة. هناك دائمًا خلف كل نظرة ما هو أكثر مما تراه العين؛ في بعض الأحيان قد تظل هذه القصة غير معروفة لك! ما يقوله أو يقصده شخص ما يمكن أن يختلف بشكل كبير اعتمادًا على شخصيته وبيئته وأفكاره والمؤثرات اليومية الأخرى - قد يكون من الصعب معرفة سبب كون شخص ما في مزاج غير سعيد؛ يمكن أن يكون ذلك لأن رئيسهم أعطاهم الحزن

كما هو الحال مع إساءة تفسير كلمات وأفعال شخص ما لا نعرفه جيدًا بما فيه الكفاية، فإن عدم معرفة شخص ما بما فيه الكفاية يمكن أن يؤدي أيضًا إلى سوء تفسير الكلمات والأفعال. ليس لدى الشخص الانطوائي أي شيء ضدك - فهو ببساطة يستغرق وقتًا أطول في الانفتاح أكثر من غيره. لذلك، فإن محاولة قراءة الجميع على قدم المساواة من المرجح أن تنتهي بالفشل.

التغاضي عن السياق والتركيز على الإشارات: قد يشير تجنب الاتصال بالعين إلى أن شخصًا ما يكذب؛ ولكنه قد يشير أيضًا إلى عدم الاهتمام أو تدني احترام الذات؛ من أسوأ الأخطاء التي يمكن أن يرتكبها المرء عند محاولته قراءة الأشخاص هو تطبيق ما يقرأه دون مراعاة السياق وأخذ جميع الجوانب في الاعتبار عند محاولة قراءة شخص ما. عند قراءة الأشخاص، يجب أن تأخذ في الاعتبار جميع العوامل بدلاً من استخدام أجزاء من المعلومات من كتاب واحد فقط كدليل ضد شخص واحد.

الوقوع في حب الوجه البوكر: لا تضع افتراضات بناءً على لغة الجسد أو الكلمات أو تعبيرات الوجه فقط عند قراءة الأشخاص. تتضمن قراءة الأشخاص جمع البيانات عن الأفراد قبل تحليلها بعناية لتكوين تخمينات دقيقة عنهم. على سبيل المثال، لا تفترض أن شخصًا ما يشعر بالتوتر لمجرد أن راحة يديه متعرقة - ابحث عن العلامات الأخرى أيضًا التي تشير إلى عصبية مماثلة مثل التململ، أو الظهور متوترًا عند التحدث بصوت عالٍ، أو التأتأة عند التحدث وما إلى ذلك... من الممكن أنه فقط يرتدون طبقات كثيرة جدًا ويشعرون بالحرارة الشديدة في الداخل!

غير مدرك لمشاعرك: قد يكون الأمر أنك منشغل جدًا بكيفية تصرف شخص آخر لدرجة أنك تفشل في تقييم ما تشعر به بناءً على كيفية تصرف الشخص الآخر أو تصورك له؟ ربما تمنعك تحيزاتك أو أحكامك المسبقة أو فهمك لها من رؤية الصورة الكبيرة؛ من أجل قراءة الأشخاص بدقة، يبدأ الأمر بالوعي الذاتي وفهم كيفية إدراكك للناس.

الخلط بين الشخصية أو الموقف والسلوك السلبي هناك عنصران رئيسيان يؤثران على تصرفات شخص ما ـ بيئته وسماته الشخصية. لسوء الحظ، قد يكون من الصعب التمييز بين الاثنين عند التواصل مع الغرباء والمعارف، مما يؤدي إلى تقييمات غير صحيحة لما يحاول الناس التواصل معه. القفز بسرعة كبيرة إلى الاستنتاجات يعني إعطاء نفسك ما يكفي من الوقت لفهم ما إذا كانت استجابة شخص ما ترجع إلى تفضيلات شخصية أو قوى خارجية يجب عليه مواجهتها.

الاستسلام للانحياز التأكيدي: عندما نشكل أفكارًا مسبقة عن شخص ما ونربط التسميات به في أذهاننا، فإن أي شيء يقوله أو يفعله بعد ذلك يعمل على إثبات هذه التقييمات له وتأكيد أفكارنا الخاصة به. ومع ذلك، من خلال القيام بذلك، يمكننا أن نمنع أنفسنا من رؤية الصورة الكاملة والتركيز بدلاً من ذلك على ما نعتبره الواقع.

الاستسلام للتحيز الشخصي: عندما نجد شخصًا جذابًا، فإن عقولنا تخلق صورة إيجابية للغاية عنه في أذهاننا. وهذا ينطبق أيضًا على الأشخاص الذين تشبه عاداتنا أو هواياتنا أو اختياراتنا عاداتنا أو هواياتنا أو اختياراتنا؛ تميل آراؤنا إلى أن تكون أكثر إيجابية تجاه شخص نشعر بالانجذاب نحوه مقارنة بشخص مختلف عما توقعنا ـ مما يعيق التقييمات الدقيقة حول هوية هذا الشخص حقًا.

التأثير من ماضيك: إذا خدعك شخص ما مؤخرًا، فمن المحتمل أنك قد تكون أكثر ترددًا في الثقة بما يقوله شخص ما الآن. تجاربنا الماضية يمكن أن تشكل كيفية حكمنا على الآخرين.

عدم المرونة: إذا كان لديك آراء قوية حول شيء ما ويختلف معك شخص ما، فقد تتشكل حواجز عقلية تمنعك من قبول وفهم بعضكما البعض بشكل كامل وموضوعي. على سبيل المثال، إذا كنت تفضل إنفاق أموالك بحكمة وتلتزم باستراتيجيات الاستثمار الذكية، فقد يؤدي ذلك إلى الحكم بشكل سلبي على أولئك الذين ينفقون دون مراعاة لهذه الأمور.

الحقيقة هي أننا جميعًا لدينا أفكار مسبقة حول ما يعتبر سلوكًا مقبولًا من الآخرين. في حين أنه من الجيد تمامًا الانجذاب نحو أولئك الذين لديهم أيديولوجيات وعمليات تفكير مماثلة أو الاختلاط بهم، إلا أن إصدار أحكام قوية على الأشخاص الذين لا يتناسبون مع أيديولوجياتنا يمكن أن يخلق حواجز بين فهم كيفية تفكير الآخرين وتصرفاتهم وبين فهمنا الكامل لوجهات نظرهم وسلوكياتهم. من أجل الفهم الحقيقي للآخرين وقبول اختلافاتهم.

الفصل السادس: فهم أساليب الاتصال المختلفة

تلعب البيئة والتربية والشخصية دورًا في كيفية تواصلنا؛ بيئتنا وتربيتنا وسماتنا الشخصية كلها تؤثر على كلماتنا وأفكارنا وأفعالنا. لقد حدد خبراء الشخصية سمات وأساليب تواصل محددة يستخدمها الأشخاص عادةً: الشخصية الحازمة؛ عنيف؛ سلبية عدوانية
* التلاعب

كلما أصبحت أكثر معرفة بالناس، أصبحت قدرتك على تحديد أسلوب التواصل الخاص بهم أكبر. سيزداد أيضًا فهم سبب تحدث شخص ما بطريقة معينة. للوهلة الأولى، يميل المتصلون السلبيون إلى تجنب الاتصال البصري والموافقة على كل ما تقوله، لذا فإن القدرة على التعرف على أسلوب التواصل الخاص بهم ستسمح بإجراء تقييمات أكثر دقة لسمات الشخصية والعلاقات. تتطلب المواقف والعلاقات المحددة أشكالًا مختلفة من الحوار. تختلف أساليب الاتصال بناءً على من يتحدث؛ يمكنك استخدام إستراتيجيات سلبية عدوانية عند التعامل مع الأشخاص الذين لا تحبهم وأساليب أكثر تلاعبًا عند التحدث إلى الغرباء. إن فهم هذه الأنماط لن يفيدك فقط، بل سيفيد الآخرين أيضًا. لذلك دعونا نتعمق أكثر لنرى كيف يعمل كل نمط من أنماط التواصل ونحدد الأنماط المماثلة لدى الأشخاص الآخرين.

أسلوب التواصل الحازم

يعتبر أسلوب الاتصال هذا على نطاق واسع أحد أكثر الأشكال فعالية. ومن يستخدم هذا النهج لديه قناعات راسخة ولا يخجل من مشاركتها؛ يتحدثون بوضوح دون التقليل من معتقدات شخص آخر؛ احترام وجهات النظر المختلفة مع التعبير بحرية عن آرائهم؛ إنهم يظهرون احترامًا كبيرًا للذات بينما يسعون إلى التوافق والتسوية أثناء المناقشات.

يمكن بسهولة التعرف على المتصلين الحازمين من خلال حقيقة أنهم غالبًا ما يستخدمون "أنا" عند التحدث. على سبيل المثال، قد يقولون أشياء مثل: "أعتقد أننا بحاجة إلى أن نكون أكثر دعمًا لوجهات نظرها" بدلاً من صياغتها على النحو التالي: "يجب أن تكون أكثر استيعابًا لجميع وجهات النظر". يميل هؤلاء الأفراد أيضًا إلى إظهار مواقف إيجابية عند التواصل.

فيما يلي بعض العلامات المميزة لشخص يتمتع بأسلوب تواصل حازم: * يعبرون بثقة عن احتياجاتهم ورغباتهم.
* يحافظون على التواصل البصري. * لا يترددون في قول لا عندما يكون ذلك مناسبا. * أنها تتيح للجميع فرصة متساوية للمساهمة بأفكارهم.
* يستخدمون عبارات "أنا".

للتواصل بشكل فعال مع المتحدث الحازم، اسمح له بالتعبير عن أفكاره بحرية واسمح له بالتعبير بالضبط عما يشعر به عندما تتاح له المساحة للقيام بذلك. يميل الأشخاص الحازمون إلى مشاركة وجهات نظر هم بحرية عندما تتاح لهم هذه الفرصة، مما يجعل قراءتها وتفسيرها أسهل من الأساليب الأخرى إذا وجدت شيئًا مربكًا؛ فقط اطرح استفساراتك! سيقدمون بكل سرور جميع الإجابات!

أسلوب الاتصال العدواني

يميل الأشخاص الذين يستخدمون أسلوب التواصل هذا إلى أن يكونوا عدوانيين وعدائيين. هدفهم في المحادثات دائمًا هو الفوز بأي ثمن، وغالبًا ما يعتقدون أن مساهمتهم في المحادثات أكبر بكثير من مساهمات المشاركين الآخرين. يميل كل من المحتوى والسياق إلى الضياع بسبب الطريقة التي يوصل بها هؤلاء الأشخاص رسائلهم ـ حيث غالبًا ما يستخدم المتصلون العدوانيون لهجة التخويف والاستخفاف عند التحدث؛ قد يقاوم هؤلاء الأفراد بقوة أولئك الذين لديهم أساليب مماثلة، مما يجعل قراءة تفاعلاتهم صعبة للغاية بسبب ضياع كل ما يقولونه في صراعهم من أجل السيطرة على المحادثات.

فيما يلي بعض العلامات الدالة على أن شخصًا ما لديه أسلوب تواصل عدواني: * يميل إلى التحدث مع الآخرين. * كثيرا ما يشيرون بأصابع الاتهام. * وأخيرا يتجهمون يميل هؤلاء الأشخاص إلى تخويف الآخرين والاستخفاف بهم وانتقادهم وتهديدهم. إنهم أيضًا متطلبون ومسيطرون.

* يميل المتصلون الذين يعبرون عن أفكارهم أو أفكارهم بنبرة عدوانية إلى استخدام عبارات مثل "لأنني قلت ذلك!" لتأكيد سلطتهم. الفرق الرئيسي بين المتصل الحازم والعدواني هو رغبته في الهيمنة؛ يفضل المتصل الحازم القيادة بدلاً من التوجيه. عند التحدث مع شخص بأسلوب عدواني، حاول إبقاء المحادثات مركزة وموضوعية؛ حتى لو انحرفت المحادثات، قم بإعادتها من خلال إجراء تقييمات حول ما يقولونه بدلاً من أخذ لهجتهم في الاعتبار عند محاولة فهم رسالتهم.

أسلوب التواصل السلبي

يُشار إليه أيضًا بأسلوب التواصل الخاضع، حيث يميل المتصلون السلبيون إلى التركيز على إرضاء الآخرين عن طريق تجنب الصراعات والحفاظ على استمرار المحادثات بطريقة ودية. إنهم يكرهون المواجهة وكثيراً ما يستجيبون بالموافقة أو بالقول نعم. على عكس ما قد يبدو في البداية، لا ينخرط الأشخاص الذين يتبعون أسلوب التواصل هذا دائمًا في حوار إيجابي - فقدرتهم غير الفعالة على نقل وجهات نظرهم يمكن أن تؤدي إلى الكثير من الاستياء والسلبية بمرور الوقت؛ يجد المتصلون السلبيون صعوبة في التعبير عن أنفسهم بوضوح بينما يمكن للمتواصلين السلبيين أن يجعلوا قراءتهم صعبة لأننا بالكاد نسمع أفكارهم تعبر عن أنفسهم بشكل علني

فيما يلي بعض العلامات التي تشير إلى انخراط الفرد في التواصل السلبي:
* نادراً ما يتواصلون بالعين.
* "وضعهم دون المستوى. * يميل موقفهم إلى أن يكون من قبيل "السير مع التيار".
* الأشخاص الذين يمتلكون هذا الأسلوب غالباً ما يجدون صعوبة في قول لا. من أجل التواصل بشكل فعال مع الأشخاص من هذا النمط، من الأفضل طرح العديد من الأسئلة وتشجيعهم على التعبير عن وجهات نظرهم.

أسلوب الاتصال السلبي العدواني

كل شخص لديه ظله الرمادي الخاص في التواصل؛ أسلوب الاتصال السلبي العدواني ليس استثناءً. مزيج من نهجين مختلفين للاتصالات، فهو يشمل السلوك السلبي مقدمًا مع العدوان الذي ينتظر في الأجنحة عند أي علامة على الصراع؛ قد يبدو هؤلاء الأفراد لطيفين ولكن قد يكون لديهم قدر كبير من الاستياء والغضب تحت السطح. غالبًا ما يتجلى الاستياء في النميمة أو السخرية أو السلوك المتعالي أو التعليقات والملاحظات غير المباشرة التي تعبر عن الإحباط بشكل غير مباشر. عادةً ما يتعامل الأشخاص الذين يتبعون أسلوب التواصل هذا مع المشكلات التي لم يتم حلها ويظهرونها بشكل غير مباشر باستخدام أساليب الاتصال السلبية العدوانية: * يستخدمون السخرية بشكل متكرر * كلماتهم لا تتوافق مع أفعالهم * إنهم يكافحون من أجل الاعتراف بالعواطف * تعابير وجوههم لا تتطابق مع ما يقولونه.

وقد يستخدمون عبارات مثل: "لا تنزعج! لقد كانت مجرد مزحة!" أو "مهما حدث، فأنا لا أهتم!" ويمكن أن يظهروا في كثير من الأحيان على أنهم عدوانيون سلبيون أو لئيمون عند إيصال نواياهم؛ مما يجعل تفسير هذا الأمر هو الأصعب لأن معظم ما يقولونه يأتي من صراعات وقضايا لم يتم حلها.

الأشخاص الذين يستخدمون أسلوب التواصل المتلاعب يعتمد الأشخاص الذين يستخدمون أسلوب التواصل هذا على الخداع والتأثير لتشكيل نتائج المحادثات وأفعال الآخرين بالكلمات. غالبًا ما يكون من الصعب فك تشفير كلامهم لأن كل كلمة ينطقونها تبدو مدفوعة بما يأملون في الحصول عليه؛ غالبًا ما تظل نواياهم الحقيقية مخفية تحت طبقات من الخداع أو التلاعب؛ غالبًا ما يبدو هؤلاء الأشخاص متعاليين وسيبذلون قصارى جهدهم حتى توافق على ما يقولونه.

فيما يلي بعض العلامات التي تشير إلى أنك تتحدث مع شخص بأسلوب متلاعب: * عادة ما يدلي بتصريحات بقناعة كبيرة. * يميلون إلى عدم الاستجابة بشكل جيد عندما يواجهون وجهات نظر متضاربة. * يمسكون بنظرك لفترة أطول.

* يستخدمون إيماءات اليد عند التحدث.

عند الدخول في حوار مع هؤلاء المتحدثين، ينبغي إظهار الصبر والهدوء بنفس القدر. حاول ألا تتفاعل عاطفيًا من خلال البقاء حازمًا ولكن حازمًا في قناعاتك؛ لا تسمح لوجهات نظرهم بالتأثير على آرائك الخاصة، لكن لا تختلف معهم أيضًا وإلا فسوف يعزلون أنفسهم. تكشف أساليب التواصل الكثير عن الفرد؛ بالطبع يعتمدون على الشخص الذي يتواصل معه؛ ومن خلال الاهتمام الشديد بهذه الأساليب، يمكنك تصميم الاستجابات بشكل مناسب واكتساب رؤية أكبر لفهم الأشخاص بشكل أكثر شمولاً

الفصل السابع: فهم الثقافة

الثقافة هي نتيجة لتجمع العديد من العناصر المختلفة معًا: التقاليد، والفولكلور، والطقوس، واستخدام اللغة، واختيارات نمط الحياة، والمعتقدات ـ وكلها تساهم في تشكيل كيفية تواصلنا وفهم بعضنا البعض. الثقافة لا توجد جغرافيًا فحسب، بل إن شخصين في علاقة يطوران ثقافتهما المميزة بمرور الوقت حيث تؤثر اتصالاتهما واستخدامهما للغة وطقوسهما وتشكلها بشكل أكبر ـ تمامًا كما تفعل الشركات أو المناطق أو جميع أنواع العلاقات المختلفة أيضًا!

عندما تحاول فهم شخص ما، يجب عليك أيضًا أن تفهم ثقافته. معرفة من أين ينحدر شخص ما؛ معتقداتهم وعاداتهم. وكذلك أي طقوس أو عادات فردية تجعلهم مميزين أمر بالغ الأهمية في تنمية التعاطف مع هذا الفرد. يميل الأشخاص الذين اعتادوا على اتباع قواعد وعادات معينة إلى التفاعل بشكل مختلف عن أولئك الذين لديهم طقوس متنوعة. إن الشخص الذي اعتاد على حضور الاجتماعات التي لا يصل فيها أحد في الوقت المحدد لن يقدر أهميتها بنفس القدر، مما يدفعه إلى الاعتقاد بأن افتقاره إلى مهارات إدارة الوقت يرجع إلى مشكلات الانضباط وليس التكيف الثقافي.

من المرجح أن يجلب الفرد الذي ينحدر من ثقافة تتميز بأساليب ولغات وأشكال معينة من التواصل هذه التأثيرات معه عند التواصل مع شخص من خارج ثقافته.

كمراقب يحاول قراءة الناس، يجب عليك أن تولي اهتماما وثيقا لخلفيتهم الثقافية. ضع في اعتبارك أن هذا لا يشمل دينهم وعرقهم فحسب، بل يشمل أيضًا أي ثقافات صغيرة إضافية قد تكون تطورت بسبب الانتماء إلى مجتمعات أو منظمات معينة أو تأثيرات أخرى.

الاتصالات والثقافات مترابطة. تظهر الثقافة من خلال التفاعلات بين الأفراد التي تعزز التواصل المتبادل لإنتاج الأنماط والقوانين والقواعد والطقوس التي تشكل المجتمع ككل. تشكل اتصالاتنا العمود الفقري للثقافة التي تتطور باستمرار من خلال الاتصالات العالمية التي أصبحت ضرورة يومية.

كثيرًا ما يتفاعل الأشخاص من مختلف الثقافات والأعراق من خلال أوضاع مختلفة. لقد أصبحت الثقافة اليوم تشمل أكثر بكثير من مجرد طريقة واحدة للوجود والقيام بالأشياء؛ اعتمادًا على من يتفاعل معه المجتمع أو المجتمع اجتماعيًا أو مهنيًا، قد تكون هناك ثقافات وطقوس مختلفة داخل هذا الفضاء على هذا النحو، أصبحت قراءة الأشخاص وفهمهم أسهل وأكثر صعوبة على قدم المساواة. لكي نفهم بعضنا بعضًا بشكل أفضل، يجب علينا تحطيم الافتراضات وإنشاء مساحات توفر مساحة لمعتقدات وقواعد وطقوس مختلفة تحت سقف واحد. ومع ذلك، قد تكون هناك تحديات محددة عند التواصل وفهم الأشخاص من ثقافات مختلفة مثل:

يتواصل الناس بشكل مختلف. تختلف لغاتنا وكذلك الكلمات والعبارات التي نستخدمها. حتى العبارات التي تبدو واضحة مثل "كل ما تريد" يمكن أن يكون لها تفسيرات مختلفة عبر الثقافات؛ يمكن أن تكون علامة الإبهام إيجابية أو مسيئة اعتمادًا على الجهة التي تم إعطاؤها لها. من ترتيبات الجلوس إلى اختلافات المسافة بين الأفراد، يتم فهم كل شيء بشكل مختلف عبر الدول حول العالم.

لا يتعامل الجميع مع الصراع بنفس الطريقة؛ قد ينظر إليها البعض كوسيلة للوصول إلى استنتاجات مثمرة بينما يرى البعض الآخر أنها تواجه تحديًا. عند التواصل عبر الثقافات، يجب أن تكون حساسًا لمشاعر الآخرين وأن تولي اهتمامًا وثيقًا لكيفية تفاعلهم مع إجراءات محددة تتخذها أنت أو الأطراف الأخرى المعنية.

احترام المساحة الشخصية. ربما أجبرنا فيروس كوفيد-19 على تطوير مسافة اجتماعية، لكن الثقافات الأخرى لا تقبل الاتصال الجسدي والقرب أيضًا. عندما تحاول قراءة الأشخاص بدقة، كن حذرًا من هذه التفاصيل

وحاول ألا تنتهك المساحة الشخصية لأي شخص من خلال الاقتراب أكثر من اللازم أو إجبار نفسك على الاقتراب مبكرًا جدًا.

كأشخاص يعيشون في هذا العالم المتنوع إلى حد كبير، فإننا نعتمد على بعضنا البعض من أجل البقاء وتحقيق الذات. ولتلبية هذه الحاجة بفعالية، فمن الأهمية بمكان أن نراعي الاختلافات والقيود الثقافية لبعضنا البعض. لا يمكنك أن تتوقع قراءة شخص ما بدقة دون أن تفهم أولاً ما الذي شكل كلماته وأفعاله؛ ما يقوله شخص ما يمكن أن يعكس جميع معتقداته وتجاربه الحياتية ـ فإظهار اللطف يمكن أن يقطع شوطًا طويلاً في تعزيز الروابط بيننا جميعًا.

الجزء الثاني: سيكولوجية الناس الذين يقرأون

بعد الانخراط في محادثة مع صديق، تدرك فجأة أنه توقف عن الاستجابة بشكل ملحوظ وتومئ برأسك فقط إلى كل ما تقوله دون تقديم الكثير من المدخلات الخاصة بها. في تلك اللحظة، تتمنى لو أنك تعرف كيفية قراءة إمزاجهم بدقة ـ وهو الأمر الذي يتطلب الصبر والتفهم؛ ومع ذلك يمكن تحقيقه بالتأكيد

قراءة الناس يمكن أن تغير طريقة تعاملك معهم والعكس صحيح. يتيح لك فهم مشاعر الناس واحتياجاتهم الاستجابة بالطريقة المناسبة وتعميق العلاقات. ضبط أساليب ونغمات الاتصال للتواصل بشكل أعمق مع الناس. ومع ذلك، ما الذي يجب عليك التركيز عليه عند محاولة قراءة الأشخاص؟ إن فهم سبب تصرفهم بهذه الطريقة إيمكن أن يوفر نظرة ثاقبة لعلم النفس البشري؛ هذا هو بالضبط ما سيغطيه هذا القسم

يركز الجزء الثاني على فهم العقل البشري من خلال قرون من البحث والنتائج العلمية وفحص الطبيعة البشرية. نحن نغطي نظريات مختلفة تساعد في الكشف عن أنواع الشخصيات المختلفة والاحتياجات الإنسانية الأساسية التي تحفز أنماط تفكير الناس وسلوكياتهم ـ المعرفة التي ستثبت أنها لا تقدر بثمن عند التعامل مع أشخاص مختلفين من جميع مناحي الحياة.

هل فكرت في ما يحفز الناس هل سبق لك أن فكرت في ما يحفز الآخرين ونفسك من حيث الدوافع والرغبات اليومية؟ هل حددت القوى الدافعة لهم؟ هل فكرت يومًا في ما يحركك؟ كل ما يحرك قيادتك المتسارعة هو على الأرجح يقود الآخرين أيضًا.

ما الذي يدفعك في الحياة؟

إن فهم هذا السؤال الذي تبلغ قيمته مليون دولار يمكن أن يحدث فرقًا كبيرًا لك ولأولئك الأقرب إليك ـ فالدافع هو القوة التي تبقي كل شيء ثابتًا في مكانه.

يعد اكتشاف ما يحفز الأشخاص أمرًا أساسيًا لفهمهم، ولكن قد يكون هذا أمرًا صعبًا نظرًا لاختلاف كل شخص. يؤثر ماضي الفرد وحاضره على أهدافه التي تحفزه على المضي قدمًا في الحياة على الرغم من الصعوبات التي يواجهها على طول الطريق.

لذا، من أجل فهم ما يحفز الأشخاص بشكل كامل، من الضروري التعرف عليهم بشكل فردي. من خلال الاجتماع مع الأشخاص بشكل مباشر والتواصل على مستوى حميم، يمكنك التعرف على تجاربهم السابقة والصراعات التي تغلبوا عليها والأشخاص الرئيسيين في حياتهم وأي أحلام أو أهداف يأملون في تحقيقها في الحياة ـ المعلومات التي ستسمح لك بذلك. تجميع شخصيتهم التي تكشف عن قوتهم الدافعة في الحياة.

وفقا للباحثين وعلماء النفس، يولد جميع الناس بثلاثة احتياجات عالمية تحركهم:

1. الاستقلالية ـ الدافع لاتخاذ خيارات شخصية ـ أمر بالغ الأهمية، في حين أن 2. توفر الكفاءة الدافع للاعتراف بشيء ما.

3. [الحاجة إلى التواصل – الرغبة في الشعور بالتقدير من قبل الآخرين]

ومن ثم، عند محاولة فهم دوافع شخص ما للتغيير، انتبه جيدًا للموضوعات التي يطرحها في المحادثة. هل القوة الدافعة لديهم هي رغبتهم في السيطرة على شؤونهم، وأموالهم، والجوانب الأخرى من حياتهم؛ أو رغبتهم في الوصول إلى مناصب عليا في العمل مع أهداف وظيفية أكثر تنافسية؛ أو ربما يكون ببساطة متاحًا وحاضرًا لمن هم في حياتهم: الأصدقاء أو الزملاء أو العائلة؟

التحدث معهم سيوفر إشارة إلى ما يحفزهم. قد توفر هذه الغرائز الأساسية الثلاثة الدافع؛ ومع ذلك، هناك قوى أخرى تحفز أيضًا الدافع لدى الأفراد.

بعض الأفراد يقدرون الشهرة والقوة. عندما ترى أشخاصًا ذوي قوة عالية مثل السياسيين أو أصحاب الأعمال أو قادة المجالس النقابية في مناصب مثل السياسة أو عضوية مجلس النقابات، فمن المحتمل أن يكون ذلك مدفوعًا بالتقدم أكثر في سلم حياتهم المهنية. ويجد آخرون الحافز من خلال تولي أدوار قيادية داخل مؤسسة أو بلد لإحداث التغيير من خلال المبادرات التي تعمل على تحسين أشياء مثل تقديم الخدمات أو إدارة المرافق.

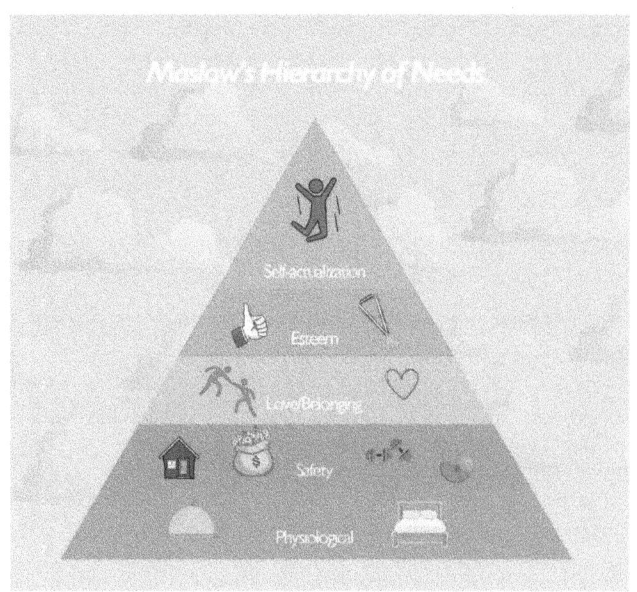

يمكن للمرء أن يرى هذا الدافع ليس فقط من خلال كلامهم وأفعالهم ولكن أيضًا في كيفية تصرفهم. للتواصل مع هذه الأنواع من الأفراد، كنْ مباشرًا وواقعيًا ومنطقيًا. إنهم يقدرون وقتهم تقديراً عالياً؛ لذلك سوف يحترمونك إذا احترمت وقتهم أيضًا.

عندما يكون بعض الأفراد مدفوعين بقوى خارجية، يجد البعض الآخر الدافع في عوامل جوهرية مثل العاطفة. يمكن أن يشمل ذلك السفر حول العالم أو العمل على شيء يفيد الآخرين؛ تضيء عيون الناس عند مناقشة المواضيع التي تثير شغفهم؛ غالبًا ما يضحون بالنوم أو وقت الفراغ أو الصحة من أجل أهداف أكبر. بمجرد أن تتواصل مع شخص يقود شغفه أفعاله، يصبح بناء رابطة عاطفية أسهل. إن فهم تأثيرات الأشخاص يزيل أي تخمين حول أفضل السبل لفهمهم.

(تسلسل ماسلو الهرمي للاحتياجات)
من أجل فهم أفضل للعقول البشرية والعواطف، طور أبراهام ماسلو (عالم النفس الأمريكي) التسلسل الهرمي لنظرية الاحتياجات التي توضح الاحتياجات الأساسية كمحركات تحفيزية للناس. وتضم هذه النظرية خمسة مستويات في تمثيلها الهرمي.
بمجرد تلبية الاحتياجات الأساسية، يركز المرء على تلبية مستويات إضافية حتى الوصول إلى الإشباع النهائي والوصول إلى أعلى مستوى في الهرم.
يعتقد ماسلو أن الناس لديهم الدافع لتلبية متطلباتهم الأساسية قبل التقدم نحو متطلبات أكثر تعقيدًا.[4]

دعونا نحلل هذه المستويات الخمسة من التسلسل الهرمي للحصول على فهم أفضل لما يحفز الأفراد في الحياة على التقدم أكثر في مساعيهم.

المستوى الأول: الاحتياجات الفسيولوجية للطلاب

هذه الاحتياجات الأساسية ضرورية لبقاء الإنسان وتشمل:

* 4.الغذاء >> الماءvetement والمأوى والملابس.
* استراحة

وفي قاعدة الهرم تكمن هذه الحاجات التي تحدد الحياة أو الموت. حتى مع وجود علاقات قوية وثقة بالنفس، فمن دون الغذاء اللازم للبقاء على قيد الحياة، سيكون وجودك في خطر ـ كما ستظل علاقاتك باحتياجاتك الأساسية غير مستوفاة، ومن المحتمل أن تبحث عن مصادر أخرى لملء هذا الفراغ ـ مثل محاولة ملء فجوة مربعة مع أوتاد مستديرة!

المستوى الثاني من تسلسل ماسلو الهرمي للاحتياجات بمجرد أن نتقدم في سلم ماسلو للاحتياجات، تصبح السلامة والأمن على رأس الأولويات بالنسبة لأولئك الذين تم بالفعل تلبية احتياجاتهم الفسيولوجية. تنشأ هذه الاحتياجات من الرغبة في السيطرة والنظام في الحياة وتشمل: * الصحة والعافية * الاستقرار المالي في البداية قد يكون لهذه الاهتمامات جاذبية محدودة ولكن مع تقدمك في هرم ماسلو فإنها تصبح اعتبارات قصوى، مثل الأشخاص الذين لديهم احتياجات فسيولوجية لقد تم بالفعل راضيا الحماية من الإصابات والحوادث: تجبر هذه الاحتياجات الأفراد على الحصول على عمل جيد مع إمكانية * الترقي، وتأمين صحي آمن، والمساهمة في حسابات التوفير، والإقامة في أحياء آمنة للحماية من السرقة والعنف.

يصف ماسلو المستوى الثالث من تسلسله الهرمي بأنه يشمل احتياجات الحب والانتماء على النحو التالي. تشمل هذه الاحتياجات الاجتماعية الانتماء والقبول والحب ـ وهي احتياجات عاطفية تتوافق مع الروابط والانتماءات الشخصية مثل العلاقات الرومانسية أو الصداقات أو الأوضاع الاجتماعية أو مجموعات المجتمع التي تلبي هذه الغرائز.
* المنظمات الدينية

إن الشعور بالحب والتقدير من قبل الآخرين هو المفتاح لمحاربة مشاعر الوحدة والقلق والاكتئاب والحزن. تخلق المرفقات شعورًا بالانتماء في الحياة من خلال توفير غرض ذي معنى ـ فالرابط العاطفي مهم للغاية في تحفيز السلوك البشري في هذه المرحلة من التطور البشري.

مع تقدمنا في تسلسل ماسلو الهرمي للاحتياجات، تصبح المتطلبات أكثر تعقيدًا. في هذه المرحلة، تعتبر احتياجات التقدير هي المحفزات الأساسية لدى الناس ـ والانغماس في رغبتهم في الاحترام والإعجاب هو ما يغذي كل ذلك! يخصص الناس المزيد من وقتهم وجهودهم للأنشطة الرياضية أو الإنجازات المهنية أو النجاحات الأكاديمية أو أي وسيلة أخرى تساهم في تلبية متطلبات احترام الذات.
يريد الأشخاص في هذه المرحلة أن يشعروا بأنهم يقدمون مساهمة ذات معنى للمجتمع وأنهم أعضاء ذوو قيمة. السعادة المحققة تعني الرضا عن أنفسهم، والذي بدوره يمكّن الآخرين من حولهم. تصبح التأثيرات الإيجابية في حياة الآخرين مصادر مهمة للتحقق من صحة حياة الآخرين.
غالبًا ما يصاب الأشخاص غير القادرين على تلبية هذا المستوى من الاحتياجات بعقدة النقص ويكونون عرضة لقضايا تدني احترام الذات؛ ونتيجة لذلك، فإنهم يعتقدون أنهم لا ينتمون إلى العلاقات وأن الآخرين سيكونون أفضل حالًا بدونهم. وهذا بدوره يؤثر سلباً على العلاقات بين الأشخاص، حيث أن مشاعر الدونية هذه تميل إلى التسبب في ضرر وإتلاف الروابط بين الأشخاص نتيجة لذلك.
ومع ذلك، حتى الاحتياجات التي تقع على أعلى المستويات يمكن أن يكون لها تأثير مؤثر على نوعية الحياة بشكل عام.

المستوى الخامس: احتياجات تحقيق الذات

بمجرد تلبية احتياجات الفرد الأساسية، يمكنه الانتقال إلى تلبية احتياجات تحقيق الذات من خلال استكشاف ذواته الداخلية وتطبيق مواهبه لتحقيق النمو الشخصي. في هذا المستوى، يجب أن يكون هدفك النهائي هو تحقيق مستويات عميقة من الإنجاز تستمر طوال حياتك.

لا يوجد شخصان لديهما نفس الفكرة عن ذاتهما المثالية، الأمر الذي يؤثر على تصرفاتهما. يركز البعض على كسب المزيد من المال؛ ويسعى آخرون إلى ترك انطباع في المجالات الإبداعية أو التطوع لخدمة المجتمع؛ لا يزال البعض الآخر يسعى إلى تحقيق الذات من خلال تطوير الذات أو رد الجميل. يتوق الجميع للوصول إلى هذا الرضا النهائي ولكن النكسات غالبًا ما تحبط التقدم ـ يتقدم العديد من الأفراد إلى أعلى الهرم قبل أن يصلوا أخيرًا إلى هذا المستوى من الإنجاز.

حدد ماسلو هذا المستوى الأعلى بأنه "احتياجات النمو" في حين أن المستويات الأربعة الأدنى هي "احتياجات ناقصة". عند السعي لتلبية الاحتياجات الناقصة، قد تنشأ جوانب تؤدي إلى الحرمان في جوانب مختلفة مثل نقص الغذاء أو الضغوط المالية أو الشعور بالعزلة. من خلال رفع كل مستوى في تسلسل ماسلو الهرمي للاحتياجات، يمكن التخلص من التعاسة خطوة بخطوة.

على العكس من ذلك، إذا لم يتم تلبية احتياجاتك من المستوى الخامس، فلن يؤدي ذلك إلى مصاعب فورية من حيث الغذاء أو الموارد المالية أو الأمن؛ بل إنها تنبع من رغبتك في تطوير نفسك بشكل أكبر كفرد ويمكن أن يكون لها آثار ضارة للغاية على مستويات سعادتك.

غالبًا ما تصور نظرية ماسلو نفسها على أنها تسلسل هرمي صارم؛ ومع ذلك، فقد لاحظ الكثيرون أن تحقيقها لا يتبع تقدمًا ثابتًا بناءً على احتياجات الفرد الفردية. على سبيل المثال، قد يعطي البعض الأولوية لاحتياجات احترام الذات على احتياجات الحب والقبول، أو ربما يطغى الإنجاز الإبداعي على الضروريات الأساسية تمامًا؛ كل هذا يتوقف على أولويات الفرد.

توفر نظرية ماسلو للاحتياجات خمسة احتياجات أساسية تشمل الدافع السلوكي. من خلال فهم أي خطوة من الهرم يقع الفرد، يمكنك فهمها بشكل أفضل والتواصل بشكل فعال.

الفصل التاسع: فهم الناس

علمًا لأن فهم شيء معقد مثل السلوك البشري يتطلب تحليلًا دقيقًا للعقل والسلوك. يوفر لك تحليل T يُسمى مثل هذه الدراسات أدوات ليس فقط للتعاطف مع الأشخاص ولكن أيضًا للاستجابة بشكل مناسب عندما يبدون غاضبين أو حزينين أو سعداء أو يعانون من أي مشاعر أخرى.

هل سبق لك أن فكرت في نظرية الوظائف النفسية الأربع التي وضعها يونج؟ هل وجدت نفسك تتساءل لماذا يبدو بعض الأشخاص أكثر ارتياحًا في التجمعات الاجتماعية الكبيرة بينما يزدهر الآخرون أكثر عندما يتم الاحتفاظ بهم في أماكن حميمة أصغر؟ هل تساءلت لماذا يكون البعض مستعدًا دائمًا للمتعة بينما يتوق البعض الآخر لقضاء ليلة استبطانية مع كتاب بجوار النار؟
ولأن الطاقة الواعية واهتمامات كل فرد تتدفق في اتجاهات مختلفة بناءً على تجاربه النفسية الشخصية وتأثيراته البيئية، فقد طرح هذه النظرية المحلل النفسي وعالم النفس السويسري كارل يونج. ووفقا له، فإن هناك اتجاهات ووظائف معينة تهيمن على الشخصية باعتبارها اتجاهات متعارضة تحدد نوع شخصيتها السائدة؛ ثم تحدد هذه الاتجاهات نوع موقفه: الانطواء أو الانبساط.
لاحظ يونج أن المواقف أو الوظائف المهيمنة تصبح جزءًا من الوعي البشري بينما تمثل نقيضها خصائص شخصية غير واعية؛ غالبًا ما تظهر مثل هذه الميول تحت الضغط أو من خلال الأحلام.
قبل أن نستكشف نظرية يونج حول الوظائف النفسية الأربع، دعونا نلقي نظرة سريعة على اثنين من المواقف الشخصية التي وصفها يونج والتي تشكل أساسها.

الانطواء مقابل الانبساط ـ انهيار المواقف
يمثل الانطواء والانبساط طرفي نقيض من طيف المواقف، والذي يتم تحديده من خلال كيفية إخراج الطاقة. ويلعب توجه الشخص نحو العوامل الخارجية دورًا أيضًا.
يميل الانطوائيون إلى سحب طاقتهم من الأشياء والتأكد من عدم تأثير التأثيرات الخارجية عليها؛ من ناحية أخرى، يميل المنفتحون إلى زيادة الطاقة في محاولة لتكوين علاقات نشطة مع هذه الأشياء. بحكم التعريف، يركز الانطوائيون على العالم الداخلي بينما يركز المنفتحون أكثر على البيئات الخارجية ـ ويتفق علماء النفس اليوم مع نظرية يونغ القائلة بأن هذه المزاجات يمكن أن تنتقل وراثيا.
تنص نظرية يونج على أننا نميل إلى الاستجابة بأربع طرق مختلفة بناءً على اتجاهات شخصيتنا السائدة: التفكير والإحساس والحدس والشعور.
كما قام بتقسيم هذه الوظائف إلى مجموعتين متميزتين: العقلانية (التفكير والإحساس) وغير العقلانية (الحدس والشعور).
لا يمكن فهم الانطواء والانبساط بمعزل عن بعضهما البعض؛ بل يجب أن ينظر إليها في سياق هذه الوظائف الأربع لتكوين صورة كاملة لشخصية الفرد. تحاول هذه النظرية إثبات مدى تعقيد التصنيف البشري.
ترى نظرية يونج أن الوظائف الأربع قد تصبح مهيمنة في أوقات مختلفة اعتمادًا على الظروف الخارجية؛ ومع ذلك، هناك وظيفة واحدة تبرز عادة بسبب الميول الفطرية أو عوامل النمو ـ هكذا تصفها النظرية اليونغية.

التفكير: يعتمد هذا الشكل من التقييم على الترابط المنطقي والمفاهيمي بين الأشياء لتقييم صحة أو زيف التجارب، وتحليل الواقع من خلال التدخل المنطقي والتحليل واتخاذ قرارات مستنيرة. تتضمن العملية تفكيرًا منظمًا وعقلانيًا لأنه يساعد على فهم الواقع من خلال التفاعل والتحقيق المنهجي.

الإحساس: تمثل هذه الوظيفة القيمة الجمالية المخصصة للتجربة دون أي تقييم أو تفكير منطقي؛ وبدلاً من ذلك، يتم إدراك الأحاسيس بناءً على كيفية ظهور الأشياء دون تردد؛ أي مفهوم مثل السياق أو المعاني أو الآثار أو التفسيرات البديلة يقع خارج نطاق اختصاصه ويمثل المعلومات تمامًا كما تظهر للحواس.

الحدس: تركز الوظيفة البديهية على غريزة القناة الهضمية أو الإدراك العام للمواقف بدلاً من التحليل التفصيلي أو الاستنتاج المنطقي. يوفر الحدس التوجيه من خلال فهمه للظروف والعلاقات والاحتمالات الكامنة في المواقف، دون دليل أو دليل يدعمه. يعد إضافة معنى إلى الأحداث من خلال قراءة المواقف بشكل حدسي مع التقاط الأنماط التي قد تكون أقل وضوحًا على الفور جزءًا من هذه الوظيفة.

الشعور: الشعور هو وظيفة عاطفية تتضمن تقييم الموقف بناءً على تحيزات الفرد وما يحبه وما يكرهه. يتم اتخاذ القرارات بناءً على التجارب السابقة التي تؤثر على المشاعر تجاه مواقف مماثلة ـ وهو أمر شخصي دائمًا.

تضع نظرية يونغ حول الوظائف النفسية الأربع الوظائف العقلانية وغير العقلانية على طرفي نقيض من الطيف (أي أن الشعور هو تفكير معاكس والحدس هو إحساس معاكس)، بحيث إذا كان الإحساس هو وظيفتك المهيمنة فلن يتم تضمين الحدس ضمن وظائفك الثانوية؛ بل سيظل التفكير والشعور صنّاع القرار النشطين منخرطين دون علم في عمليات صنع القرار.
وينطبق منطق مماثل على سمات الشخصية (الانطواء والانبساط). إذا كان نمط تفكيرك السائد انطوائيًا، فمن المحتمل أن يكون وضع شعورك اللاواعي منفتحًا.
غالبًا ما يجد الأشخاص صعوبة في استخدام وظائفهم الثانوية بفعالية، ولكن من خلال الممارسة والوعي بأفعالك، يمكنك رفع هذه القدرات اللاشعورية إلى أنماط تفكير واعية.
يمكن قراءة الأشخاص من خلال معرفة ما إذا كانت وظائفهم السائدة تميل نحو الانطواء أو الانبساط، وهو ما يمكنك استنتاجه من خلال العلامات الشائعة مثل تفضيلاتهم الاجتماعية أو التعبير أو الدائرة الاجتماعية. بمجرد إنشاء هذه المعلومات، يمكنك التنبؤ بالوظيفة التي يستخدمونها عادةً عند اتخاذ القرارات.

منذ السبعينيات، استخدم الأطباء النفسيون نظرية شخصية إنياجرام لتحديد خصائص وسمات الأفراد. وهو يتألف من رسم تخطيطي من تسع نقاط تمثل كل نقطة فيه نوعًا واحدًا من الشخصية يتوافق مع كيفية تفكير الناس وشعورهم وتصرفهم تجاه أنفسهم والآخرين. هناك 27 نوعًا فرعيًا داخل كل نقطة مع ثلاثة مراكز رئيسية تمثل الشعور والعمل والفكر والتي تؤثر جميعها على سلوكياتنا في بيئات مختلفة، ويتم تحديدها في النهاية من خلال دوافعنا الأساسية.
إلى توصيف الأشخاص بناءً على دوافعهم ومخاوفهم وسلوكياتهم السائدة من أجل فهم Enneagram يسعى توفر أنواع شخصياته رؤى Enneagram، شخصية الفرد بشكل أفضل. عند قراءة الأشخاص باستخدام تحليل أعمق حول نقاط القوة والضعف لدى الشخص بالإضافة إلى كيفية ارتباطه بالمجتمع ككل. علاوة على ذلك، على فهم الدوافع وراء تصرف الأفراد بالطريقة التي يتصرفون بها Enneagram يساعد برنامج.
تؤكد نظرية الأنياجرام أن الأشخاص يولدون بنوع واحد من الشخصية المهيمنة، ولكن هذا يمكن أن يتغير بسبب التجارب والعوامل الخارجية. تميل السمات الخارجية والفطرية إلى التأثير على بعضها البعض؛ تحدد خصائص الشخصية الغريزية كيفية استجابة الشخص في المواقف العصيبة؛ والذي بدوره يشكل شخصيتهم إما بالقلق أو الهدوء.
يؤكد هذا النظام النظري أيضًا على حقيقة أن الناس لا يتناسبون تمامًا مع فئة واحدة؛ تتكون شخصياتهم بدلاً من ذلك من سمات متعددة تجمع بين الأنواع الأساسية، مع بعض "الأجنحة" الإضافية المعروفة باسم معدلات المزاج أو الأجنحة. على الرغم من أن الأجنحة لها بعض التأثير على الحالة المزاجية، إلا أنها لا تغير بشكل كبير

أنواع الشخصية المهيمنة؛ وفقًا لهذه النظرية، تميل السمات الأساسية إلى البقاء ثابتة بمرور الوقت، على الرغم من أن سمات معينة قد تتغير بسبب التأثيرات الخارجية مثل العادات والصحة.

قد يمتلك الأفراد العديد من السمات الشخصية، حيث يبرز النوع السائد دائمًا باعتباره الأكثر أهمية بالنسبة لهم. يمكن أن يساعد اختبار Enneagram في تحديد هذه السمات الشخصية. دعونا نفكر: ما هي أنواع الشخصيات التسعة الموجودة في Enneagram of الآن، دعونا نفحصها أكثر.

نوع التساعية 1 - المصلحون المبدئيون الأشخاص الذين ينتمون إلى هذا النوع من الشخصية مدفوعون بالرغبة في التصرف بشكل أخلاقي ومعنوي. إنهم يقدرون النزاهة والمبادئ وضبط النفس والكمال في جميع مجالات الحياة. يميل الأشخاص من النوع الأول إلى القبول تجاه أنفسهم ومن حولهم بينما يسعون جاهدين لتحقيق السيادة الذاتية والتميز في جميع مجالات حياتهم. إنهم يميلون إلى التقبل تجاه أنفسهم والمقربين منهم، ولكن في بعض الأحيان قد يصبحون غير متسامحين ويصدرون أحكامًا عندما تظهر عيوبهم أو تجعلهم يشعرون بعدم الكفاءة أو عدم كفاية أنفسهم.

عادةً ما يسكن النوع الأول مركز العمل في التساعية، على الرغم من أن أفعالهم وسيطرتهم تميل إلى أن تأتي من الداخل ـ من خلال المبادئ والانضباط والانضباط الذاتي. تعمل هذه المبادئ كقوة توجيهية وتجعل تلك المبادئ تبدو منظمة وتركز على الجودة.

يميل الأشخاص الذين ينتمون إلى هذه الفئة إلى امتلاك إحساس حاد بالصواب والخطأ، ووضع معايير عالية لأنفسهم وللأشخاص من حولهم. غالبًا ما يتضمن حوارهم الداخلي الكثير من عبارات "يجب علي" أو "يجب علي" حيث يحتفظون بسجل أداء داخلي ضد أنفسهم، مما قد يؤدي إلى التوسع والانكماش في حياتهم.

من المعروف أن هؤلاء الأشخاص يعانون من نوبات غضب متكررة، على الرغم من أنهم عادةً ما يبقونها تحت السيطرة. عادة ما يتجلى غضبهم من خلال الاستياء أو الانزعاج عندما ينخرط الآخرون في سلوك غير مسؤول أو غير أخلاقي؛ وفي الحالات القصوى يتجلى ذلك في سلوك سلبي عدواني حيث تزداد صلابتهم الجسدية بينما يصبحون مهذبين على نحو غير عادي على الرغم من انتقادهم للآخرين، وغالبًا ما يبدون غير متقبلين للنقد من مصادر خارجية، مما يقودهم إلى الطريق نحو الإحباط والغضب في نهاية المطاف.

النوع الأول نادر نسبيًا ـ وفقًا لدراسة أجريت على أكثر من 54000 مشارك، 10% فقط يشكلون النوع الأول].6[

النوع 2 ـ المساعدون المراعون Enneagram

يمتلك النوع الثاني رغبة متأصلة في الشعور بالاعتزاز من قبل الأشخاص من حولهم، مع إيلاء أهمية كبيرة لتنمية الروابط ذات المغزى والكرم واللطف ونكران الذات. هدفهم هو جعل العالم بيئة محبة من خلال تقديم الدعم والاهتمام لمن هم أقرب إليهم.

في أفضل حالاتهم، يمكن أن يكون النوع الثاني أفرادًا ودودين وحنونين وكرماء يتشاركون التواضع والتواضع مع العالم. لسوء الحظ، قد يبدو الثنائي الأقل صحة أنانيًا ومتلاعبًا، ويعطي فقط من أجل المكافأة؛ يخبرهم صوتهم الداخلي أنهم لا يستحقون العناء إلا إذا أحبهم الآخرون واحتاجوا إليهم، وقد يدفعهم هذا إلى الإفراط في توسيع أنفسهم وتقديم أكثر من اللازم.

مدفوعة برغبتهم في تطوير العلاقات. ولذلك، فإنهم يبذلون الطاقة والجهد في إقامة Twos أنماط عمل علاقات وصداقات وثيقة، وجذب الناس إليهم بإيماءات الثناء أو الثناء السخية التي تجعل الآخرين يشعرون بالتميز والتقدير. يميل الثنائي إلى تقديم خدمات ممتازة لتقديم النصائح بنفس السرعة التي يستجيبون بها عندما يحتاج شخص ما إلى المساعدة، أو عندما يشعرون بأن شخصًا ما قد يلحق الضرر بمن يهتمون بهم.

تسترشد عمليات التفكير الخاصة بالشخصين بالتفكير والتفكير. إنهم متناغمون مع احتياجات الآخرين ـ حتى أولئك الذين لا يدركون رغباتهم ـ مما يجعل أفكارهم غالبًا ما تستهلك من قبل أشخاص آخرين وكيفية التواصل معهم بطرق ذات معنى. ونتيجة لذلك، قد يتم تخصيص جزء كبير من الطاقة العقلية لمحاولة الاتصال.

يميل الأشخاص الثنائيون إلى الاستماع كثيرًا إلى الشعور بأنهم لا غنى عنهم، وهو ما قد يترجم إلى اعتزاز بالنفس أو شعور مبالغ فيه بأهميتهم، مما يؤدي في النهاية إلى تقويض العلاقات بين الأشخاص.

تميل مشاعر الثنائي إلى الظهور خارجيًا على شكل طاقة دافئة وداعمة. إن تعاطفهم القوي يجعلهم ماهرين في استشعار مشاعر الآخرين والاستجابة وفقًا لذلك، وعلى الرغم من أنهم ودودون بشكل عام تجاه الناس، إلا أنهم قد يفاجئون أحيانًا بغضبهم المتزايد عندما يشعرون أنه تم تجاهلهم أو معاملتهم بشكل غير عادل؛ يكون الثنائي حازمين عند حماية الأشخاص الذين يهتمون بهم عندما يرون أنهم يعاملون بشكل غير عادل ويشعرون بالألم العاطفي إذا تم تجاهلهم أو تجاهلهم.

يشكل النوع الثاني حوالي 11% من السكان، وتنتشر النساء ضمن هذه النسبة أكثر من الرجال.

النوع 3 ـ الإنجاز التنافسي Enneagram

يتم تحفيز المنجزين التنافسيين بالرغبة في التفوق على أنفسهم وتجاوز الإنجازات السابقة بإنجازات أعظم. تصبح النتائج والاعتراف والكفاءة ذات أهمية قصوى في نظرهم، مما يدفعهم إلى تكييف أعمالهم وفقا للظروف من أجل الوصول إلى مستويات جديدة من الإنجازات.

وفي أفضل حالاتهم، يمكن النظر إلى هؤلاء الأفراد على أنهم أفراد مبدئيون ومجتهدون ومتحمسون، ينشرون النزاهة والأمل في جميع أنحاء العالم. ومع ذلك، في بعض الأحيان قد تستهلكهم رغبتهم في النجاح إلى الحد الذي يؤدي بهم إلى الابتعاد عن العلاقات المهمة في الحياة ـ مما يجعلهم يشعرون بأهمية أنفسهم بشكل خاص ويزيد من إحساسهم بقيمة الذات من خلال الأفعال بدلاً من الكلمات.

يميل الفاعلون إلى التصرف بخطط عمل موجهة نحو الأهداف. يتم توجيه طاقتهم وتركيزهم نحو إنجاز المهام بكفاءة. يمكن للعديد من الأشخاص الذين ينتمون إلى هذا النوع من الشخصية تغيير شخصيتهم بسهولة لتناسب أي سلوك أو دور أو توقعات متوقعة منهم؛ غالبًا ما تتجلى طبيعتهم التنافسية أثناء الأنشطة الترفيهية أو في العمل ـ يميل الأفراد في هذا النوع من الشخصية إلى العثور على أنشطة أو مسابقات تسمح لهم بالتألق أكثر بينما يفضل الأشخاص الثلاثة الاجتماعيون المسابقات الجماعية كفرص لإظهار الصفات القيادية داخل المجموعات ـ ويظهرون نشيطين وواثقين في في أي وقت من الأوقات.

أنماط تفكير الثلاثة تمنح شخصياتهم ميزة متفائلة. إنهم ينظرون إلى الفشل على أنه فرص للتعلم بدلاً من السماح لهم بمنعهم من المضي قدمًا لتحقيق أهدافهم. يميل الثلاثة إلى التأكيد على المعلومات التي تدعم وجهة نظرهم مع تجاهل الآخرين. ويكمن نجاحهم في قدرتهم على التركيز على الأشياء الصحيحة واتخاذ قرارات محسوبة؛ تتيح لهم عملية التفكير السريعة فهم أي موقف بسرعة قبل التكيف مع مهارات الاتصال والمشاركة المناسبة لجعل الأمور تسير وفقًا للخطة.

تنشأ منافستهم من رغبتهم في مقارنة أنفسهم بالآخرين والحكم على أنفسهم بناءً على مدى جودة أو ضعف المقارنة، وغالبًا ما ينغمسون تمامًا في عملهم، حتى يصبح جزءًا من هويتهم كفرد.

تسمح لهم أنماط مشاعرهم بالانفصال عاطفياً عن أي موقف واتخاذ قرارات موضوعية وعقلانية. إن مشاعرهم السلبية ـ مثل التوتر والخوف والقلق ـ لا تستهلكهم، ومع ذلك ما زالوا يشعرون بالإحباط والغضب.

تهدف المجموعات الثلاثية إلى تجنب الوقوف في الجانب السيئ من الناس كلما أمكن ذلك إذا كان ذلك يمكن أن يساهم في نجاحهم بأي شكل من الأشكال. إنهم يدركون كيف يمكن أن يستجيب الناس لمواقفهم وأفعالهم؛ على الرغم من أنهم قد يبدون ودودين من الخارج، إلا أنهم قد يشعرون بعدم الثقة في الآخرين من الداخل؛ ينصب تركيزهم على إظهار الثقة للآخرين، وبالتالي قمع أي شيء يبعد تركيزهم عن القيام بذلك؛ قد يرى الآخرون أن Threes غير متأثر أو حتى خطير بسبب هذا السلوك.

من أندر أنواع الشخصيات. من بين 54000 مشارك شاركوا في الدراسة Enneagram Type Threes تعد المذكورة سابقًا، 11٪ فقط تم تحديدهم مع هذا النوع من الشخصية؛ معظمهم عرفوا أنفسهم على أنهم ذكور.

النوع 4 - الإبداع المكثف Enneagram
إن Enneagram Type Fours مدفوعون للتعبير عن إبداعهم الفريد من خلال الكلمات أو العمل أو أي منفذ آخر ـ بما في ذلك اللغة نفسها! ولأنهم يقدرون الفردية، فإنهم يعلقون أهمية كبيرة على التعبير عن الذات والمشاعر.

رومانسيون في القلب ومعجبون بالجمال، الأربعة هم مبدعون حقيقيون بالمعنى الحقيقي. في أفضل حالاتهم، أولئك الذين ينتمون إلى هذه الفئة هم حساسون ولكنهم راضون، ويتمتعون بذوق أصيل يجعلهم فريدين من نوعه؛ في أسوأ الأحوال، قد يظهرون على أنهم مزاجيون أو حزينون بسبب بعيوبهم وعيهم وجروحهم؛ يتضمن حديثهم الذاتي البحث عن هدف في الحياة من خلال التعبير عن أنفسهم بشكل أصيل.

تصرفات الأربعة مدفوعة بحاجتهم للتعبير عن أنفسهم. إنهم يزدهرون من خلال تبادل الخبرات العميقة مع من يعتنون بهم، وغالبًا ما يكون ذلك من خلال استخلاص فنانهم الداخلي أو استخدام الرموز. غالبًا ما تتركهم شخصيتهم غريبة الأطوار محبطين وخائبي الأمل عند أداء مهام شاقة لا تلبي رغباتهم.

يميل الأشخاص الأربعة إلى استخدام عبارات مثل "أنا" و"أنا" و"لي" والتي تشارك تجاربهم الشخصية مع الجمهور. في حين أن هذا قد يبدو منغمسًا في نفسه في البداية، إلا أن هذه هي في الواقع طريقتهم في التواصل مع الآخرين وبناء العلاقات.

تنبع أنماط تفكيرك من حاجتك لملء أي ثغرات في حياتك، مثل الأجزاء المفقودة من نفسك. إنهم يميلون إلى استيعاب المعلومات السلبية عن أنفسهم مع تجاهل البيانات الإيجابية ـ مما يدفعهم إلى استيعاب الرسائل السلبية عن أنفسهم مع رفض أي أخبار إيجابية، وهو ما قد يؤدي بدوره إلى إثارة ردود أفعال عندما يقترح شخص ما آثارًا سلبية عليهم. يصبح حكمهم مشوشًا بالعواطف لأن حكمهم يعتمد بشكل كبير على العواطف بدلاً من المنطق ـ وهذا غالبًا ما يؤدي إلى اتخاذ قرارات متحيزة بسبب هذا التحيز في الحكم بناءً على الخبرة أو الروابط العاطفية التي تشكل الأساس لاتخاذ القرارات المهمة.

تميل طبيعة فورس الاستبطانية إلى قيادتهم إلى طريق داخلي من الأفكار يكون في بعض الأحيان عميقًا للغاية بالنسبة لراحتهم، مما يؤدي بهم إلى مسارات تفكير سلبية تقلل في النهاية من احترامهم لذاتهم وتقودهم إلى إساءة فهم الآخرين.

مشاعر الأربعة هي أعظم أصولهم. فهي تساعدهم على الشعور بالارتباط بالعالم وبالآخرين على حد سواء. بالإضافة إلى ذلك، يدرك الأشخاص الأربعة مشاعر الآخرين تمامًا ـ وغالبًا ما يكونون أكثر وعيًا منهم! لسوء الحظ، يميل الأشخاص الأربعة إلى الخوض في مشاعرهم لفترة طويلة مما يجعلهم يبدون عميقين ومكثفين ومتقلبين المزاج.

يعتقد الأربعة أن تجربة مشاعرهم ـ سواء كانت حزنًا أو سعادة ـ تسمح لهم باستكشاف من هم حقًا. غالبًا ما تتقلب عواطفهم مع التغيرات في العالم من حولهم، على الرغم من أن الحزن والشوق والخسارة تميل إلى التأثير بشكل أكبر من السعادة ويمكن أن تجعلهم يبدون حزينين أو بعيدين عن المجتمع. لسوء الحظ، غالبًا ما يأخذون الأمور على محمل الجد ويحتاجون إلى بعض المرح في حياتهم.

يميل أفراد النوع الرابع إلى أن يكونوا أفرادًا فريدين يبرزون من بين الآخرين بأسلوبهم الفردي وذوقهم، مما يجعلهم في كثير من الأحيان متميزين بين الحشود. [7]

محقق هادئ - Enneagram Type 5
يُعرف الأشخاص الخمسة بطبيعتهم الاستبطانية، المدفوعة برغبة داخلية في كشف الحقيقة وفهم الآخرين لاتخاذ القرارات. عند محاولة فهم بيئتهم، يضع الأطفال الخمسة قيمة كبيرة للمعرفة والموضوعية عند اتخاذ القرارات بناءً على المعرفة الموضوعية. يعطي الأطفال الخمسة أيضًا الأولوية للاستقلال على أي شيء آخر

ويظلون واعين للمدخرات المالية بدلاً من طلب المساعدة من الآخرين أو طلب الدعم من الآخرين عند اتخاذ القرارات المالية؛ علاوة على ذلك، فهم يحترمون الخصوصية من خلال منح الآخرين مساحة كافية للعيش.

غالبًا ما ينظر الآخرون إلى الأشخاص الخمسة على أنهم حكيمون وأصحاب رؤية، مع عدم الارتباط الذي يتيح التواصل الهادف مع الناس. في أسوأ حالاتهم، قد يبدو الأشخاص الخمسة متعجرفين بذكاء أو منفصلين عن عواطفهم لأنهم غالبًا ما يتراجعون إلى حالات الاستبطان لمحاولة فهم العالم من حولهم.

يركز الأطفال الخمسة أفعالهم على الاستمتاع بالعزلة وصحبتهم الخاصة، ويضعون أهمية كبيرة على "الخصوصية"، على الرغم من أن كل فرد قد يحددها بشكل مختلف. إنهم يستخدمون الوقت بمفردهم لإعادة شحن الموارد ووضع الحدود مع الآخرين أثناء كونهم مستقلين ـ وهذا غالبًا ما يتضمن إجراء تغييرات على الروتين أو البيئة المحيطة للحفاظ على الاستقلالية دون أن يصبحوا معتمدين. يمكن أن تتضمن هذه التغييرات تبني أنماط حياة بسيطة أو اكتناز من جهة أو أخرى.

يميل الأطفال الخمس إلى أن يكونوا متحفظين فيما يتعلق بكيفية استخدامهم للموارد المتاحة لأن ذلك قد يعيق استقلالهم. قد يبدون بعيدين أو غير مهتمين حتى يظهر شيء يثير اهتمامهم ـ وفي ذلك الوقت ستجدهم مستجيبين للغاية ومتواصلين، ويشاركون المعلومات مع الآخرين.

التفكير هو جوهر وجودهم، لأنهم يؤمنون بقوة بالمعرفة باعتبارها قوة. إن تعطشهم للمعرفة يدفعهم إلى استكشاف المعلومات بعمق؛ إذا جذب شيء ما اهتمامهم، فسوف يبذلون قصارى جهدهم لإتقانه وتأسيس أنفسهم كخبراء في هذا المجال.

العقل هو مساحة مقدسة حيث يمكنهم العثور على العزاء من بقية الحياة. يمكن للأشخاص الذين يتمتعون بهذه الموهبة تنظيم المعلومات في أقسام مختلفة في أذهانهم ـ سواء كانت أحداثًا أو تواريخ أو أي حقائق أخرى ـ من أجل الحفاظ على الاهتمام بالمواضيع المختلفة مع إنشاء حدود واضحة بين مختلف جوانب العلاقات والحياة.

تتأثر حالاتهم العاطفية إلى حد كبير بقدراتهم الدماغية، حيث يميلون إلى فهم عواطفهم من خلال التفكير والثقة في عقولهم لفهمها. ولسوء الحظ، فإن هذا يجعل عليهم الصعب الفصل بين المشاعر والأفكار، الأمر الذي غالبًا ما يتركهم مرهقين بعد أحداث مشحونة عاطفياً أو مشاريع مفتوحة.

يمكن أن يصبح المرء مرهقًا عند إدارة موارده الشخصية وطاقته بشكل مستمر، إلا أن قدرته على الانفصال عن المشاعر يمكن أن تساعد في إدارة الطاقة بشكل أكثر فعالية. ومن خلال عزل أنفسهم، يكتسبون القدرة على تحديد الوقت المناسب لمراجعة المشاعر أو استرجاعها في الوقت الذي يناسبهم، مما يسمح بمزيد من المعالجة العاطفية في الوقت الذي يناسبهم. يخدم سلوكهم العاطفي المتباعد وظيفتين: فهو يسمح لهم بالتحكم في العواطف بسهولة أكبر بالإضافة إلى الحماية من الأذى والألم؛ ولسوء الحظ، فإن آلية التكيف هذه تجعلهم أحيانًا يبدون باردين أو بعيدين عن الآخرين؛ ومع ذلك، فإن هذه الإستراتيجية تصنع شخصية متوازنة ومتأملة.

النوع الخامس هو نوع نادر من الشخصية. كشفت دراسة استقصائية أجريت مع 54000 مراسل أن 10% فقط من المشاركين يقعون في هذا النوع من الشخصية في المتوسط، وهو أكثر انتشارًا بين الرجال مقارنة بالنساء (14% للمشاركين الذكور و7% للإناث).

نوع Enneagram 6 - هذا يدفع المشككون المخلصون الستة مدفوعون برغبة قوية في الانتماء والأمان؛ قراراتهم وعلاقاتهم. بينما يسعون جاهدين لتحقيق السلامة في كل موقف، فإن الأشخاص الستة يقدرون الأشخاص الذين يظهرون الولاء أثناء تحملهم للمسؤولية؛ غالبًا ما يظهرون الشجاعة بينما يرتبطون ارتباطًا وثيقًا بأنفسهم ـ ويقدمون لمن حولهم هدايا الثقة والتفاني في المقابل. يميل الأشخاص غير الصحيين إلى القلق المفرط بينما يتركون الخوف يضعف دفاعاتهم، مما يجعلهم يبدون مشبوهين أو متشككين أو قلقين.

يخبرهم حديثهم الداخلي مع أنفسهم أن العالم يمكن أن يكون مكانًا غير آمن وقاسٍ، لذا فإن الاستعداد والولاء لمن تهتم لأمرهم يعد من المكونات الأساسية للبقاء على قيد الحياة. إنهم يسعون جاهدين لعدم الخوف مما ينتظرهم هناك ويبقون حذرين، ويبحثون دائمًا عن أنفسهم ضد قسوة ذلك.

تظهر الستة عادةً أحد نمطي العمل. إما أنهم يظهرون سلوك الخوف والتجنب لتجنب المواقف الساحقة عاطفياً أو يحاولون مواجهة القلق وجهاً لوجه من خلال مواجهته وجهاً لوجه. تقع معظم الستة في مكان ما بين هذين النقيضين؛ سوف يتغير سلوكهم حسب الظروف في حياتهم.

غالبًا ما ينخرط بعض الأشخاص الذين ينتمون إلى هذا النوع من الشخصية في سلوكيات تنطوي على مخاطرة ليثبتوا لأنفسهم وللآخرين أنهم شجعان ولا يعرفون الخوف، سواء كان ذلك يتجلى في مغامرات محفوفة بالمخاطر أو أفعال لفظية ضد الأشخاص ذوي أنماط الرهاب المضاد. يُعرف Sixes بالعمل بجد وثبات وتفاني واتساق مع إعطاء قيمة كبيرة للمسؤولية والولاء وتكريس أنفسهم بالكامل لأي مهمة في متناول اليد. إن أخلاقيات العمل الرائعة التي يتمتعون بها تجعلهم موظفين ذوي قيمة، مما يجعل الآخرين مرتاحين لتسليم المشاريع إليهم.

تميل الستات إلى تجنب المشكلات عندما يكون ذلك ممكنًا. ومع ذلك، عندما يواجهون موقفًا غير سار، فإن أنماط تفكيرهم تحفزهم على تحليل التهديدات والمخاطر بشكل نقدي من أجل البقاء متناغمين مع محيطهم والتعرف على جميع التحديات والمشاكل المحتملة التي قد تنشأ. على الرغم من أن لديهم القدرة على حل مشاكلهم الخاصة بسرعة وكفاءة، إلا أن استجابتهم قد تشمل في بعض الأحيان "نعم، ولكن" مما يجعل التواصل صعبًا بين جميع الأطراف المعنية.

يدرك الأشخاص الذين يتمتعون بهذا النوع من الشخصية سلطتهم في تفكيرهم. وبينما يشعرون بالحماية والدعم من قبل شخصيات ذات سلطة، فإنهم يشعرون أيضًا بالقلق من خذلان الآخرين أو خيبة أملهم. تتضمن عملية تفكيرهم طرح أسئلة داخلية على أنفسهم تكون بمثابة "لجان داخلية"، مع استكشاف العديد من المشاعر غير المعلنة جنبًا إلى جنب مع المشاعر الواضحة.

غالبًا ما تتمحور مشاعرهم حول القلق حيث يركزون على أسوأ السيناريوهات في التعاملات اليومية، وغالبًا ما يعانون من الذعر أو القلق الخفيف؛ أو أشكال أكثر شدة مثل الرعب والفزع. تسمح استجابتهم العاطفية بالوصول السريع في أي وقت؛ لكن للأسف هذا يعني إعادة السيناريوهات المقلقة في أذهانهم حتى عندما تسير الأمور على ما يرام بالنسبة لهم في الحياة؛ يميلون إلى استبعاد المشاعر الإيجابية بينما يركزون على المشاعر السلبية بدلاً من ذلك.

من خلال التناغم العميق مع مشاعرهم، يميل الكثير من الناس إلى إسقاط مشاعرهم وآمالهم وأفكارهم ومخاوفهم دون وعي على من أمامهم. غالبًا ما تتجلى شكوكهم وانعدام الأمن لديهم في سلوك صعب يسبب مشاكل للآخرين.

يمكن التعرف على الأشخاص ذوي الشخصيات الستة من خلال قدرتهم على التكيف بسلاسة مع أي بيئة والسعي دائمًا لدعم الأشخاص الأقرب إليهم.

النوع 7 - البصيرة المتحمسة Enneagram

الأشخاص الذين ينتمون إلى نوع الشخصية السابعة متحمسون للغاية للحياة، ولديهم دافع دائمًا لتحقيق أقصى قدر من الاستمتاع بها مع تجنب المواقف المتضاربة. يميل السبعة بطبيعتهم إلى أن يكونوا متفائلين، ويبحثون دائمًا عن الفرص التي تلهمهم في الحياة ويستفيدون من هذه الإمكانيات عندما تكون متاحة. يرون الحياة كمغامرة تدفعهم إلى عفويتهم وتقديرهم لكل ما حولهم؛ على الرغم من أن الآخرين قد ينظرون إلى السبعات على أنهم هادئون عندما يكونون في "وضع الحاضر"، حيث يجدون المتعة في الأنشطة العفوية؛ وبسبب هذه الطبيعة العفوية قد يبدون غير ملتزمين أو حتى غير مركّزين بسبب رغبتهم في اندفاع الأدرينالين في الحياة!

تركز سلوكياتهم على إيجاد طرق للهروب من الروتين والرتابة في حياتهم، لذلك يبحثون بنشاط عن الأنشطة أو الأشخاص الذين يضيفون الإثارة والمغامرة. لا يخافون أبدًا من تجربة أشياء جديدة، بل إنهم يتخلون أحيانًا عن المهام غير المكتملة لمشاريع أكثر إثارة.

يسعى السبعات إلى البقاء نشطين والمضي قدمًا بثقة. تكمن طاقتهم في قبول كل التحديات بحماسة؛ إن اندفاع الأدرينالين الذي يأتي من كل موجة من الإثارة يبقيهم أقوياء. تحت الضغط، قد يقوم هذا النوع من الشخصية بتبديل الخطط أو المهام المتعددة من أجل إكمال المهام بنجاح. غالبًا ما تتفوق أجسادهم على عقولهم عند القيام

بمساعي جديدة ـ وهذا يعني أن مستويات الطاقة العالية لديهم غالبًا ما تظهر كحركة مستمرة أو لغة جسد مشغولة ـ مما يعطي الآخرين انطباعًا بأنهم لا يهدأون ولكن هذه ببساطة طريقتهم في البقاء منخرطين!

إن أنماط تفكير السبعات مدفوعة بعقل نشط ينتقل بسلاسة بين الأفكار والاتصالات دون عناء، ويشركهم في استكشاف ما يثير اهتمامهم ويجلب لهم الإشباع الفوري. ولذلك، فإن أنماط تفكيرهم تتضمن المعالجة الذهنية السريعة والتحفيز معًا. يميل السبعات نحو وجود الكثير من الخيارات ويكرهون الشعور بالقيود في أي مجال؛ وجود خيارات يوفر لهم الحرية؛ يتيح لهم ذكاءهم السريع اكتساب المعرفة في العديد من المجالات مما يشجع الابتكار والإبداع حيث أن لديهم الكثير من البيانات في متناول أيديهم للاستفادة منها.

كما أنهم يستمتعون بمشاركة أفكارهم مع الآخرين لأن هذا يبقيهم يشعرون بالإلهام والانخراط في الحياة. عندما تصل معلومات جديدة، فإنهم يميلون إلى فهمها بسرعة بينما يكتشفون المزيد على طول الطريق.

يميل السبعيون إلى تجربة المناظر الطبيعية العاطفية الإيجابية التي تتجلى من خلال الشخصيات النشطة والمتفائلة، مما يدفع الآخرين إلى النظر إلى السبعة كأفراد متفائلين ومبهجين ومتحمسين. عند مواجهة المشاعر السلبية مثل الملل أو الحزن أو القلق أو الخوف، فإنهم يبحثون بشكل غريزي عن طرق لتحويل هذه المشاعر السلبية بسرعة حتى يهربوا من الانزعاج بسرعة أكبر.

غالبًا ما يؤدي الميل الطبيعي لدى الأطفال السبعة نحو المشاعر الإيجابية إلى النظر إلى التجارب السلبية بتفاؤل من خلال تأطيرها كتجارب أو فرص تعليمية في أذهانهم. ولسوء الحظ، فإن هذا التبرير يجعل تحمل مسؤولية التصرفات عندما تتجه الأمور نحو الجنوب أكثر صعوبة؛ ولكن على الجانب الإيجابي فإنه يحافظ على نظرتهم الإيجابية ويساعد في الحفاظ على منظور متفائل للحياة.

يميل الأشخاص السبعة إلى حماية مساحتهم الشخصية بشكل كبير ولا يقدرون أن يواجهوا تحديًا بشأن قدراتهم. إذا قمت بتحدي السبعة، فاستعد لمواجهة غضبهم. عند مواجهة مواقف غير مريحة أو ثقيلة، يعمل السبعات بلا كلل لتخفيف الحالة المزاجية بالنكات أو الإدلاء بتصريحات مرحة لتخفيف التوترات واستعادة التوازن من خلال الانخراط في الحكايات المحفزة للضحك.

اكتشفت دراسة تروتي أن نوع Enneagram Type Sevens الذين شملهم المشاركين من %9 يشكل [الاستطلاع من بين 54000 مشارك].8

Enneagram Type 8-Active Challenger Type Eights أقوياء مدفوعون بحاجتهم إلى الظهور وتجنب إظهار الضعف قدر الإمكان، مما يدفعهم إلى أن يكونوا مباشرين ومؤثرين في التعامل مع المواقف التي يجدون أنفسهم متورطين فيها. إنهم يسيطرون بسرعة على المواقف من خلال التحكم. ذلك بالمباشرة. الثمانية يزدهرون عند التحدي ويكونون عادلين في تعاملاتهم، ويستخدمون إحساسهم الصالح بالعدالة لحماية الآخرين. في أفضل حالاتهم، يبدو الثمانية مهتمين بشدة ولكنهم أقوياء ولكن يمكن الوصول إليهم بسهولة. عندما يتصرف الثمانية بما يتماشى مع الواقع، فإنهم يمنحوننا جميعًا البراءة. ومع ذلك، في أسوأ حالاتهم، قد يبدو الثمانية عدوانيين ومستبدين وشهوانيين كجزء من استراتيجيتهم للظهور أكبر من الحياة في عالم غالبًا ما يكون قاسيًا. ومن خلال التحكم في المواقف، يعتقدون أن بإمكانهم التغلب على الظلم بسهولة أكبر.

إنهم في جوهر الأمر، يتخذون الإجراءات بناءً على الغريزة بدلاً من Enneagram. الثمانية يقيمون في قلب عدم القيام بأي شيء على الإطلاق، وغالبًا ما يتجلى ذلك من خلال الكلام المكثف والمباشر واختيار الكلمات ولغة الجسد وأسلوب اتخاذ القرار. الثمانية يحبون السيطرة على الأمور وتحقيقها وفقًا لشروطهم الخاصة؛ يسمح لهم استقلالهم بمتابعة المشاريع التي يجدونها مرضية.

يفعلون ذلك بدافع الالتزام. يفخر الثمانية Eights بالحفاظ التعاون مع الآخرين لا يأتي بشكل طبيعي في لعبة على السيطرة، وغالباً ما يقومون بإدارة الأحداث بأنفسهم، وغالباً ما ينتهي بهم الأمر إلى إدارة التفاصيل الدقيقة للآخرين عند الضرورة. إن تصرفاتهم السريعة تخدمهم جيدًا عندما يصبح الآخرون مرهقين ويصبحون جامحين ـ فهم يتدخلون بسرعة ويتحملون المسؤولية ويحلون الأمور بكفاءة دون تردد أو تأخير.

قد لا تكون الإدارة التفصيلية هي نشاطهم المفضل، ولكنها تبقيهم مسيطرين على الموقف وتولد النتائج ـ وبالتالي يفعلون كل ما يجب القيام به لتحقيق هذه الغاية.

الثمانية لا يتسامحون مع عدم الكفاءة والضعف لدى أولئك الذين يتحملون مسؤوليتهم، لكنهم يحمون بشدة أولئك الذين هم تحت قيادتهم. عندما تتم معاملة شخص ما يهتمون به بطريقة غير عادلة، سيقاتل الثمانية بلا كل لدعم العدالة وتصحيح أي ظلم يتعرضون له.

يميل الأشخاص الثمانية إلى تصنيف الأشخاص على أنهم ضعفاء أو أقوياء ويتصرفون وفقًا لذلك، وغالبًا ما يولون المزيد من الاهتمام لأفراد معينين بناءً على طريقة التقييم "كل شيء أو لا شيء". يميل الثمانية إلى تفضيل الصدق على الغموض عند التعامل مع مواقف الصراع، ويفضلون الحقيقة على البقاء خارج الحلقة لأن هذا يجعلهم يشعرون بالعجز تجاه الموقف؛ إن تزويد أنفسهم بأكبر قدر من المعلومات حول التحديثات أو التقدم أو الأحداث يساعد الثمانية على التركيز على الصورة الأكبر بكفاءة أكبر.

يعد الاستمرار في التركيز على دوافعهم الخاصة أكثر من دوافع الآخرين أمرًا أساسيًا بالنسبة لهؤلاء الأشخاص؛ إنهم لا يقدرون أن يتم إجبارهم على القيام بأشياء لا يستمتعون بها أو يجدونها مملة، لأن هذا يهدر طاقتهم بشكل غير فعال.

الثمانية لديهم أنماط عاطفية معقدة. إنهم يميلون إلى الغضب بسرعة ويتفاعلون وفقًا لذلك، ولكن بعد التنفيس عن غضبهم بسرعة يبتعدون عنه بسرعة. نظرًا لأن الثمانية يسعون إلى تجنب الشعور بالضعف، فإنهم يميلون إلى عدم التعبير عن مشاعر الحزن أو الضعف بشكل علني ـ بدلاً من ذلك يفضلون بدلاً من ذلك التعرف على هذه المشاعر فقط عندما يكون ذلك آمنًا ـ ويظهرون الحب من خلال القوة والحماية كجزء من هويتهم.

أظهرت دراسة تروتي التي شارك فيها 54000 مشارك أن 15% من الأشخاص يقعون ضمن النوع الثامن Enneagram؛ كان هؤلاء الناس في الغالب من الرجال من.

صانع السلام التكيفي - Enneagram Type 9

يميل التسعة إلى العمل كوسطاء، مدفوعين بالرغبة في خلق الانسجام في محيطهم. على هذا النحو، فإنهم يسعون جاهدين لقبول واستيعاب من حولهم مع إعطاء الأولوية لصنع السلام في كل ما يفعلونه ـ وهذا يمكنهم من تجنب الصراع كلما أمكن ذلك.

على أنهم أفراد مفعمون بالحيوية والخبرة والوعي الذاتي ويسعون جاهدين Nines ينظر معظم العالم إلى لتقديم أعمال تفيد من حولهم. ومع ذلك، في أسوأ الأحوال، قد يبدو التسعة عنيدين أو كسالى أو منكرين لذاتهم؛ يحدث هذا لأنهم يتماشى مع الجميع من أجل الحفاظ على السلام ولكنهم بعد ذلك يقدرون احتياجات الآخرين على احتياجاتهم الخاصة ويخلقون مشاعر الانزعاج لأنفسهم ولمن يتفاعلون معهم. ومع ذلك، فإن طبيعتهم الراضية عن النفس تجذب الآخرين نحوهم بينما تجعل الناس أيضًا يشعرون بالراحة عندما يكونون في حضورهم.

يميل الأشخاص التسعة إلى اتخاذ إجراءات بناءً على رغبتهم في تجنب سيطرة الآخرين إما عن طريق التلاعب ببيئتهم أو المقاومة السلبية عندما لا يشعرهم شيء ما بالراحة. من المرجح أن تكون أفعالهم أو عدم قيامهم بها مدفوعة بالحفاظ على السلام والوئام لأنهم لا يستطيعون تحمل الصراع.

يمكن العثور على الراحة من خلال الروتين والإيقاعات المألوفة التي يجدونها مثيرة للاهتمام، بينما يتمتع هذا النوع من الشخصية بتكوين روابط ذات معنى تؤدي إلى دمج الطاقات من الأشخاص المقربين منهم، وغالبًا ما تتجلى من خلال تبني عادات أو اهتمامات الحاضرين داخل مساحاتهم الحميمة. .

إن أنماط تفكير ناين تتناسب بشكل جيد مع العمليات المنظمة؛ ولذلك، فإنهم يعطون الأولوية للتفاصيل والوضوح عند التعامل مع المهام أو إنشاء عادات أو إجراءات بسرعة. عندما يتم تقديم كميات كبيرة من المعلومات Nines بسرعة بتنظيمها في أذهانهم في هيكل منظم لفهم كل شيء، سيقوم.

يميل الأشخاص التسعة إلى أن يكونوا قويي الإرادة والمثابرة، لكنهم يميلون إلى الاحتفاظ بآرائهم لأنفسهم، لتجنب الظهور بمظهر متعجرف أمام الآخرين. ولسوء الحظ، فإن هذا يتركهم غير راضين عن بعض جوانب علاقاتهم أو حياتهم.

قد يبدو موقفهم مسترخيًا ومتوازنًا، إلا أنهم يواجهون مشاعر شديدة بكثافة كبيرة، مما يستلزم بذل جهد من جانبهم للسيطرة عليهم والظهور سلميًا وهادئًا وودودًا. تحفزهم عواطفهم الشديدة على الحفاظ على الانسجام بين الناس لأنهم يفهمون كيف تؤثر المشاعر على السلوك.

على الرغم من أنهم يتفوقون كوسطاء سلميين في حالات الصراع، إلا أنهم يميلون إلى تجنب التعامل مع المشاعر السلبية مثل الغضب بشكل مباشر؛ تميل مثل هذه الروابط إلى استنزاف طاقتهم ولا يعترفون غالبًا بهذه المشاعر أيضًا. لذلك، يحاولون عدم تجربتها بشكل مكثف للغاية. علاوة على ذلك، فإن معظم الأشخاص ذوي التسعة هم متعاطفون ويمكنهم الشعور بمشاعر المقربين منهم، وغالبًا ما يلتقطون الطاقة المشتركة بين الأشخاص إذا كان محيطهم إيجابيًا ومتحمسًا؛ وعلى العكس من ذلك، عندما يواجهون أفرادًا حزينين أو قلقين، فإن مزاجهم قد ينخفض أيضًا بشكل كبير.

يشكل طلاب الصف التاسع 13% من المشاركين في دراسة الحقيقة؛ معظمهم من النساء.

إلى أنواع القلب والرأس والجسم. Enneagram يمكن تقسيم أنواع الشخصيات التسعة الممثلة على عجلة تتكون أنواع القلب من الأنواع من الثاني إلى الرابع التي تعتمد على الذكاء العاطفي للتنقل خلال الحياة والتواصل مع الأشخاص من حولهم؛ تتضمن أنواع الرؤوس الأنواع من الخامس إلى السابع التي تعتمد على المعالجة الفكرية للمواقف؛ بينما تستخدم أنواع الأجسام من الأول إلى التاسع الغرائز والمشاعر الغريزية عند الاستجابة في المواقف.

اكتشف الباحثون عبر التاريخ منهجيات مختلفة لفهم شخصية الإنسان. أحد هذه الاختبارات، المعروف باسم اختبار الشخصية الخمسة الكبار (OCEAN)، يستخدم علامات العوامل الخمسة الكبرى المستمدة من مجموعة

عناصر الشخصية الدولية لجولدبيرج التي تم تقديمها في عام 1992 كطريقة تحليل عامل لاستكشاف الاستجابات الإحصائية للمجموعات من خلال الإجابة على هذا السؤال: ما هي الطريقة المثالية؟ لتلخيص شخصية شخص ما؟"[9]

على الرغم من أنه لا يمكن قياس متغيرات الشخصية كميا، إلا أن الإجابات تصنف الأفراد إلى خمس مجموعات واسعة وفقا لسماتهم السائدة: (س- الانفتاح ج- الضمير د- الانبساط ه- الانبساط أ- الوفاق

N - العصابية من خلال فهم هذه الأنواع من الشخصيات، يمكنك فهم الأشخاص بشكل أفضل من خلال فهم احتياجاتهم، وبناء روابط ذات معنى من خلال الاهتمامات المشتركة وتصميم سلوكك وفقًا لذلك. العامل المثير للاهتمام هنا هو أن هذه الشخصيات يمكن أن تكون نتاجًا للطبيعة والتنشئة. قد يمررها الآباء، أو يمكن للأفراد تطويرها من خلال طريقة تربيتهم. دعونا نتعمق أكثر في هذه السمات الشخصية ونقيم ما إذا كانت الطبيعة أو التنشئة لها التأثير الأكبر.

الانفتاح تُعرف هذه السمة الشخصية بأنها ترحب بالمعرفة والخبرات الجديدة. يميل الأشخاص الذين حصلوا على تصنيف أعلى على هذا المقياس إلى أن يكونوا ذوي بصيرة وخيال مع العديد من الاهتمامات التي تختلف بشكل كبير؛ كما يحتل الابتكار والفضول مكانة بارزة في هذه الشخصيات؛ من ناحية أخرى، فإن أولئك الذين يحتلون مرتبة أدنى قد يكونون أكثر حذرًا وثباتًا وصراعًا مع عمليات التفكير المجرد. إذا كنت تريد قياس مستوى انفتاح شخص ما على مقياس مثل هذا، فحاول طرح هذه الأسئلة: هل تحب المغامرة؟
هل خيالك جامح؟ هل كنت الشخص الذي بدأ أنشطة جديدة من قبل؟
هل أنت مستعد لمواجهة التحديات الجديدة؟

إن الإجابة بنعم على كل هذه الأسئلة تشير إلى مستويات انفتاح عالية. يستمتع الأشخاص الذين يتمتعون بمستويات عالية من الانفتاح بالتحديات في الحياة ويبحثون عن منافذ إبداعية يمكنهم من خلالها التعبير عن أنفسهم بشكل إبداعي. 57% من الأفراد يمتلكون صفة الانفتاح وراثيًا.

الضمير الحي
تشمل الخصائص العامة لهذه السمات الشخصية السلوك الموجه نحو الهدف والتفكير والتحكم الجيد في الانفعالات. يميل الأشخاص ذوو الضمائر الحية إلى أن يكونوا مخططين رائعين ويفكرون مسبقًا عند اتخاذ قرارات الحياة؛ علاوة على ذلك، فهم يدركون تمامًا كيفية تأثير أفعالهم على الآخرين وكذلك المواعيد النهائية التي قد تحتاج إلى الوفاء بها.
يميل الأشخاص الذين يحتلون مرتبة عالية على مقياس الضمير إلى أن يكونوا منتبهين ومنظمين وفعالين في أسلوبهم في التعامل مع المهام والتفاصيل. عادةً ما يكون الأشخاص الذين يحتلون مرتبة أقل مسترخين ومرتاحين.
فيما يلي بعض الأسئلة التي ستساعدك على تقييم موقف الشخص من حيث الضمير:
هل تفتخر بكونك منضبطًا ذاتيًا؟
هل أنت منظم ومستعد لأي شيء قد يطرأ؟ أو هل تفضل أن تكون عفويًا بدلاً من ذلك؟ هل تستمتع بالالتزام بالجدول الزمني وتحديد أولويات المهام على الفور والاهتمام بالتفاصيل على الفور؟

إن الإجابة بـ "نعم" على هذه الأسئلة تشير إلى مستوى عالٍ من الوعي لدى الفرد، كما يتضح من التنظيم والنظام في الحياة والعلاقات. الضمير لديه تأثير وراثي بنسبة 49٪.

يمكن تحديد السمات المنفتحة من خلال خصائص مثل التواصل الاجتماعي، والحزم، والإثارة، والتعبير العاطفي، والثرثرة. يميل الأشخاص الذين يظهرون هذه السمة الشخصية إلى أن يكونوا منفتحين ويزدهرون عند المشاركة في التجمعات الاجتماعية.

الأشخاص الذين يسجلون درجات عالية على مقياس المنفتح يزدهرون من خلال كونهم في مركز الاهتمام والاستمتاع بالتواجد حول الناس. على النقيض من ذلك، يجد الأشخاص ذوو النقاط المنخفضة (الانطوائيون) التفاعلات الاجتماعية مرهقة ويستمتعون بالعزلة أكثر من صحبة الآخرين.

لفهم الانبساط لدى شخص ما، اطرح الأسئلة التالية: 8.5 هل تواجه صعوبة في أن تكون محط الاهتمام في التجمعات أو في بدء المحادثة في البيئات الاجتماعية؟ هل تستمتع بلقاء أشخاص جدد وهل تمتلك دائرة كبيرة من المعارف أو الأصدقاء؟

هل تميل إلى التعبير عن الأشياء قبل التفكير فيها؟

إذا وافقوا على هذه الأسئلة، فإنهم يسجلون درجات عالية على مقياس الانبساط. إذا وجدت نفسك بين أشخاص حصلوا على درجات أقل في هذا المقياس، فحاول ألا تجبرهم على أن يصبحوا منفتحين من خلال تشجيعهم على الحديث المفرط أو دفعهم إلى التجمعات الاجتماعية؛ يميل أولئك الذين يتمتعون بسمات شخصية انطوائية إلى البقاء أقرب إلى تلك الأماكن التي توفر لهم التغذية العاطفية والراحة.

الصفات المنفتحة لها تأثير وراثي بنسبة 54٪.

موافقة

يشمل هذا البعد الشخصي سمات اللطف والثقة والمودة والإيثار وغيرها من الخصائص الاجتماعية الإيجابية. يميل الأفراد الذين يتمتعون بدرجة عالية من القبول إلى أن يكونوا متعاطفين وودودين ومتعاونين، بينما قد يصبح الأشخاص المنخفضون في هذه السمة منعزلين أو تحليليين أو تنافسيين، وقد يصلون في بعض الأحيان إلى السلوك التلاعبي.

اسأل الأفراد للتأكد من موقفهم على مقياس القبول: هل يثقون بسهولة ويمنحون الفرص الثانية للآخرين، هل هم متعاطفون، هل يحبون جعل الآخرين يشعرون بالراحة، وما إلى ذلك.

هل أنت شغوف بتقديم المساعدة للمحتاجين؟

تشير الإجابة بالإيجاب على هذه الأسئلة إلى حصولك على مرتبة عالية في مقياس القبول. الأفراد الذين يسجلون درجات منخفضة على هذا المقياس غالبًا لا يشعرون بالتعاطف بشكل طبيعي ويجب عليهم بذل جهود واعية وتغييرات في السلوك من أجل وضع أنفسهم في مكان الآخرين والتفاعل وفقًا لذلك؛ 42% من العوامل الوراثية تلعب دوراً في سمات القبول.

العصابية تنسب إلى هذا البعد الشخصي سمات مثل المزاجية وعدم الاستقرار العاطفي والحزن. تشير العصابية إلى كيفية تعامل الشخص مع عواطفه؛ يميل الأشخاص الذين يسجلون درجات عالية على هذا المقياس إلى أن يكونوا حساسين وسهل الانفعال وعرضة للتقلبات المزاجية. ومن ناحية أخرى فإن أولئك الذين يسجلون درجات أقل يميلون إلى أن يكونوا آمنين عاطفياً وآمنين ومرنين.

من خلال طرح هذه الأسئلة، من الممكن تقييم مكان شخص ما على مقياس العصابية: (مثير للقلق؟ سهولة التخلص من التوتر؟ تغيرات متكررة في المزاج)

هل تجد صعوبة في التعامل مع المواقف العصيبة؟

إن الإجابة على هذه الأسئلة بالإيجاب تشير إلى ارتفاع مستوى العصابية لدى الشخص. إن معرفة محفزاتهم ومهدئاتهم ستكون مفيدة في الحفاظ على مزاجهم تحت السيطرة.

48 العصابية لها مكون وراثي بنسبة %.

إن فهم هذه الخصائص وكيفية تأثيرها على الأشخاص هو المفتاح لتحسين التواصل وتحديد أفضل السبل للتفاعل مع شخص ما أمامك.

نظرية مزاج الدكتور ديفيد كيرسي

Keirsey Temperament Sorter قدم الدكتور ديفيد كيرسي، وهو مبدع تعليمي وعالم نفس، أداة التي تصنف الأفراد إلى أربع مجموعات مزاجية بناءً على أنماط النشاط وعادات التواصل والمواقف الشخصية والمواهب والقيم ـ مع الأخذ في الاعتبار تأثير كل شخص في مكان العمل بالنسبة للاحتياجات الشخصية.

يقول الدكتور ديفيد كيرسي أن شخصية الإنسان يمكن تقسيمها إلى أربع مجموعات واسعة على أساس المزاج. يتضمن كل مزاج مجموعته الخاصة من نقاط القوة والضعف والصفات التي تميز خصائصه. وتشمل هذه المزاجات الأربعة:

الحرفيون يمكن بسهولة تمييز هؤلاء الأشخاص عن الآخرين من خلال خبرتهم في المجالات الإبداعية مثل الفنون والأدب والشعر. تعتبر أفعالهم بمثابة تعبير عن براعتهم الفنية بينما يدفعهم إحساسهم بالمغامرة نحو المخاطرة أو العفوية في بعض الأحيان.

يحتل الأوصياء مكانة أساسية داخل المجتمع من خلال التعاون مع من حولهم واتباع القواعد التي تتبناها الثقافات التقليدية. إن تفانيهم هو ما يساعد في الحفاظ على النظام سليمًا ـ فهم يشكلون ما بين 40 إلى 45% من السكان.

المثاليون: الأشخاص الذين يركزون على النمو الذاتي والتحسين من المرجح أن ينتموا إلى مجموعة المزاج المثالي، مع شعور قوي بالولاء للآخرين، والدافع لاتخاذ الإجراءات التي تساعد الآخرين، واتخاذ الخطوات بنشاط التي تفيد المجتمع ككل. ينتمي ما بين 15 إلى 20% من السكان إلى هذه الفئة المزاجية.

العقلانيون، المعروفون بأساليب تفكيرهم الواقعية والمنطقية، هم من أندر أنواع الشخصيات ويشتهرون بخبرتهم في حل المشكلات. ومع ذلك، بمجرد أن يأسر شيء ما خيالهم، فقد يصبحون منغمسين جدًا لدرجة أنهم ينفصلون عن الواقع لدرجة أن الآخرين ينظرون إليهم على أنهم غريبون أو بعيدون.

فقط 5-10% من السكان ينتمون إلى مجموعة المزاج العقلاني. كثيرًا ما يستخدم المستشارون المهنيون Keirsey Temperament Sorter لأنه يساعد الأشخاص على فهم أنفسهم بشكل أفضل ويقودهم إلى المسار الوظيفي الصحيح.

وتهدف كل هذه النظريات إلى فهم الطبيعة البشرية، وما يحفز الأفراد، واستجابتهم لمواقف معينة. بفضل المعرفة التي تراكمت لدى الباحثين على مدى عقود، أصبحنا أكثر قدرة على قراءة الأشخاص وإقامة الروابط بيننا جميعًا.

الفصل العاشر: استعادة فن الاستماع

كما يعتقد معظم الناس، الاستماع لا يعني السمع. عادة ما يدخل الأشخاص في المحادثات إما على أمل أن يتم الاستماع إليهم أو على أمل ألا يتم الاستماع إليهم تمامًا ـ الحالة الأخيرة غالبًا ما تقودنا إلى إيلاء اهتمام أقل لما يقوله الشخص الآخر عما ننوي، حيث يشعر كلا الطرفين بعدم اهتمامنا كما يشعر به الآخرون كلا الجانبين الاستماع باهتمام يمكن أن يغير قواعد اللعبة في المحادثات وقدرتك على فهم الأشخاص. إن مجرد الانتباه إلى ما يقوله الناس في الواقع يمكن أن يغير كل شيء: لا داعي لتخمين كيف يفكر شخص ما؛ ما عليك سوى الاستماع بعناية عندما يتحدث شخص ما إذا كنت تريد إلقاء نظرة خاطفة على رأس شخص ما؛ بدلاً من ذلك انتبه أكثر عندما يتحدث شخص ما؛ لا يخفي الكثيرون أفكارهم وآرائهم خلف جدران من الفولاذ، ويفضلون بدلاً من ذلك أن يكونوا منفتحين بشأن هويتهم ولا يخشون السماح لك بالدخول إلا إذا استمعت باهتمام كافٍ لن تشعر بالحاجة إلى قراءة أفكار شخص ما إذا كان بإمكانك تفسير نواياه بدقة عند التحدث.

قام كارل روجرز وريتشارد فارسون بنشر مصطلح "الاستماع النشط" لأول مرة في عام 1957، وأصبح تعريفه معروفًا على نطاق واسع بمرور الوقت. الاستماع النشط والسلبي نوعان من الاستماع. للحصول على أفضل نتائج الاستماع، ينبغي للمرء إعطاء الأولوية للاستماع النشط. للتركيز حقًا على شخص ما، يحتاج المرء إلى إعطاء الأولوية للاستماع الإيجابي على الاستماع السلبي. يتطلب الاستماع الفعال الحضور الذهني والصبر والقدرة على الاستماع دون الشعور بأنه يجب على المرء أن يتحدث ردًا على ذلك. ركز على فهم ما يتواصل معه الشخص الآخر مع مقاومة أي رغبة في المقاطعة. في كل مرة تشعر أن لديك شيئًا أفضل لتضيفه، قرر الانتظار. في كل مرة نتحدث فيها نضيع فرصة للنمو. من خلال منح شخص ما مساحة آمنة للتعبير عن نفسه، قد تكتسب رؤية قيمة. اسمح لشخص آخر أن يمسك بيدك وهو يقودك في جولة حميمة عبر عقله إجولة حميمة عبر عقله لا حاجة للتخمين والقراءة بين السطور! فقط دع الشخص الآخر يتحدث دون مقاطعة أو إطلاق أحكام ـ وبهذه الطريقة سوف تكتشف المزيد عنه أكثر من أي استراتيجية أخرى!

الناس يحبون التحدث عن أنفسهم! استفد من هذا الميل الطبيعي من خلال إظهار الاهتمام الحقيقي وطرح أسئلة استقصائية للكشف عن كل المعلومات التي قد يكشفونها عن أنفسهم.

استخدم لغة الجسد للحصول على الدعم
إن التحدث مع شخص لا تركز عيناه على أي شيء خلف كتفك ليس أمرًا ممتعًا أو مشجعًا، لذا تأكد من أن لغة جسدك تعكس اهتمامك عند التواصل. التفت نحوهم وابتسم بشكل متكرر وتومئ برأسك بشكل متكرر مع الحفاظ على التواصل البصري ـ لا تبدو بالملل أو عدم الاهتمام لأن ذلك سوف يصبح واضحًا سريعًا وستكون غير محترم لهم عندما تتعلم المزيد عن هويتهم.

تقليل عوامل التشتيت
من الضروري أن يظل عقلك خاليًا من التشتيت. بينما يتحدث شخص آخر، قاوم الرغبة في إنشاء قوائم ذهنية أو الرد على رسائل البريد الإلكتروني أثناء تلك المحادثة؛ كن حاضرا. يجب إزالة أي شيء يسبب تشتيت الانتباه: قم بتحريك هاتفك بعيدًا عن خط الرؤية المباشر حتى لا يغريك بالتقاطه أو التحقق من الإشعارات في كل مرة يرن إفيها

أومئ برأسك بشكل مشجع وأجب على قصصهم

تأكد من الإيماء برأسك بشكل مشجع، والانحناء إلى الأمام، والرد بشكل مناسب عند سماع القصص، وذلك للتعبير عن اهتمامك العميق دون المبالغة في ذلك حتى تبدو قويًا. هناك طرق مختلفة يمكنك من خلالها إثبات أنك تستمع؛ وهنا عدد قليل:

* الرد باستخدام جسمك. على سبيل المثال، قد يكون فتح عينيك على نطاق أوسع أو تضييق قبضتي اليد بمثابة دليل على أن هناك شيئًا ما خاطئًا ـ سواء كان ذلك صدمة أو مفاجأة أو خيبة أمل أو إثارة

* أعيد بيانهم. على سبيل المثال، إذا أخبروك أنهم يفضلون الجزر على الخضروات الأخرى بشكل عام، فيجيبون بشيء مثل: "هل تقصد أنك تفضل الجزر من بين جميع الخضروات الموجودة على وجه الأرض؟" لإظهار أنك منتبه، كرر ما قاله بصوت عالٍ حتى يعرف الشخص الآخر أنك سمعت وفهمت وجهة نظره. هذا يظهر اهتمامك ويظهر لهم اهتمامك

* اطلب منهم أن يكرروا ما يقولونه. على الرغم من أن هذا قد يبدو فظًا، إلا أن القيام بذلك يظهر احترامك لكل كلمة يشاركونها ويضمن عدم تفويت أي شيء مهم.

مجرد الاستماع يمكن أن يساعدك على اكتساب المزيد من المعرفة عن الأشخاص أكثر من أي أسلوب آخر. عندما نستمع عندما يتحدث شخص ما ويطرح أسئلة ذات صلة، قد نتعلم أكثر بكثير من غير ذلك! أظهر اهتمامًا حقيقيًا بالآخرين وسيفتحون لك ألعاب العقل الخاصة بهم لتستكشفها!

الفصل الحادي عشر: فهم لغة الجسد بشكل صحيح

هل سبق لك أن ذهبت في موعد وتركت تفكر فيما كان يفكر فيه أو يشعر به الشخص الآخر؟ ومن الأفضل أن تكون هناك علامات لإعلامنا بتقدم الاجتماع. حسنا... هناك! لغة الجسد هي وسيلة غير واعية لنقل ما يشعر به شخص ما؛ لتفسير إشاراته بشكل صحيح. في بعض الأحيان تظهر هذه الإشارات اللاواعية إلى النور دون قصد. يوضح بحث جامعة كاليفورنيا في لوس أنجلوس[12] هذه النقطة؛ 7% فقط من التواصل يتم من خلال ما نقوله (أي الكلمات)، و38% من خلال نبرة الصوت، و55% من خلال استخدام لغة الجسد ـ وتعلم تفسير هذه الـ 55% يمكن أن يعطي ميزة عند فهم الأشخاص.

لذا، في المرة القادمة التي تذهب فيها في موعد أو تحضر أي تجمع اجتماعي، انتبه لهذه الإشارات الدقيقة:

* العيون المبتسمة: يقولون أن العيون هي نافذة أرواحنا؛ هذا صحيح بالتأكيد! عندما يكون الناس سعداء، يمكن لابتسامتهم في كثير من الأحيان الهروب من الاختباء على الرغم من محاولات إخفائها، حتى تتجعد بشرتهم في النهاية حول أعينهم، مما يؤدي إلى ظهور أقدام الغراب ـ كاشفة عن وجودها! يبتسم الناس أحيانًا من باب الأدب أو لإخفاء مشاعرهم الحقيقية، لذلك إذا كنت تريد معرفة ما إذا كان شخص ما يبتسم بصدق أم لا، فما عليك سوى الانتباه إلى عينيه!

* عقد الرجلين والذراعين: يشكل وضع الرجلين والذراعين حاجزاً جسدياً أمام من يقف أمامه ويشير إلى المقاومة، حتى لو كانت كلماته أو ابتسامته تشير إلى خلاف ذلك. يشير التفسير النفسي إلى أن لغة الجسد تشير إلى شخص ما بعيدًا عاطفيًا أو نفسيًا أو جسديًا عما يقع أمامه.

* الحواجب المرتفعة: عندما يرفع شخص ما حاجبيه، فقد يشير ذلك إلى القلق أو الخوف أو المفاجأة. من الصعب القيام بذلك في محادثة غير رسمية؛ جربي تربيتها أثناء الاستمتاع بالقهوة مع أصدقائك وستلاحظين الفرق فوراً.

* انعكاس لغة الجسد: هل سبق لك أن واجهت شخصًا يعكس لغة جسدك عن طريق إمالة رأسه بنفس الطريقة أو عدم وضع ساقيه في نفس اللحظة التي تفعلها بالضبط؟ يوضح هذا أنهم مهتمون بما تقوله وأنهم يقلدونك دون وعي دون علمهم احترامًا لهم؛ إذا حدث هذا في موعد ما، فقد يكون هذا لا يقدر بثمن!

* الفك المشدود: عند الانخراط في مواقف الصراع أو النزاع، فإن إحدى السمات التي تصبح واضحة بسرعة هي الفك المشدود أو الحاجب المجعد أو الرقبة المشدودة ـ لأن عدم الراحة يؤدي إلى التوتر الجسدي في الجسم والذي يتجلى في إشارات الإجهاد التي تسبب رد الفعل هذا.

* الإيماء المبالغ فيه: إذا رد عليك أحدهم بالإيماء مراراً رداً على ما تقوله، فهذا لا يدل على موافقته على ما يقال، بل يدل على القلق عليه ورغبته في إرضائك بالإيماء تبعاً لذلك.

على الرغم من أنك لا تستطيع قراءة أفكار شخص ما بشكل مباشر، إلا أنه لا يزال بإمكانك ملاحظة لغة جسده وتفسير مشاعره الحقيقية. إن تعلم سيكولوجية الناس هي رحلة تعليمية مدى الحياة ولا تتحسن إلا مع الخبرة. إن اكتشاف الدوافع وراء أفعالهم وربطها بسمات الشخصية يوفر رؤى أعمق حول كيفية عمل عقولنا وكيف يمكنك فك تشابكها.

الجزء الثالث: ما يجب عليك إحضاره إلى الطاولة

هل فكرت يومًا في مدى تأثير مساهماتك على المحادثة؟ إن فهم الناس لا يتطلب مراقبة ما يفعله الآخرون فحسب، بل يتطلب مراقبة الأفعال نفسها أيضًا. التواصل ذو اتجاهين. لكي تسير بشكل صحيح، عليك أن تقوم بدورك من خلال فهم ومواءمة نفسك مع ما يتواصل معك الطرف الآخر.

لا يمكن لأحد أن يقرأ الأشخاص بدقة إذا كنت مملوءًا بالتحيزات والمعتقدات التي تمنعك من رؤية الصورة الكاملة. قبل البدء في مراقبة الآخرين، من الضروري أن تكتسب معرفة متعمقة عن نفسك ـ كيف تتصرف، وتفكر، وتنظر إلى الناس.

يستكشف هذا القسم معتقداتك الداخلية للتأكد مما إذا كانت هناك أي تحيزات أو أحكام مسبقة أو فهم محدود للطبيعة البشرية يعيق التواصل أو تصورات الآخرين.

الفصل الثاني عشر: اعرف نفسك قبل فهم الآخرين

هل تتذكر عندما غرد دونالد ترامب "أنا عبقري مستقر للغاية"؟ أثار رده انتقادات من الكوميديين والصحفيين لافتقاره إلى الوعي الذاتي، ومع ذلك يفشل معظم الناس في هذا المجال، مما يؤدي غالبًا إلى صعوبة في فهم الآخرين. على الرغم من أن الأمر قد يبدو مربكًا في البداية، إلا أن "كل شخص هو مرآتك"، لذا لكي تفهم شخصًا آخر بشكل كامل، عليك أولاً أن تفهم نفسك بشكل كامل! وهذا أمر لا يعلمه أغلب الناس!

وهذا يقودنا إلى سؤالنا التالي (أي كيف تعرف نفسك). حسنًا، إنها عملية واسعة النطاق تتضمن أن تكون صادقًا للغاية مع نفسك ـ في بعض الأحيان قد يبدو هذا سهلاً أو سهلاً، ولكن في بعض الأحيان يصبح هذا التحدي هو أعظم تحدي في حياتك! على سبيل المثال، في بعض الأحيان قد يبدو غضبنا أو انفعالاتنا العاطفية مبررة لأن أشخاصًا آخرين أثاروها؛ ومع ذلك، فمن مسؤوليتنا كأفراد أن نتحكم في ردود أفعالنا بدلاً من إلقاء اللوم عليها. يتم تعريف النقاط العمياء على أنها سمات مرئية للآخرين ولكنها غير مرئية لأنفسنا. قامت عالمة نفسية تدعى سيمين فازير بإجراء تجربة لاختبار هذه النظرية.[13] وطلب من المشاركين تقييم أنفسهم وأربعة أصدقاء بشأن سمات مختلفة مثل الذكاء والاستقرار العاطفي والحزم والإبداع لمعرفة من يمكنه التنبؤ بشكل أكثر دقة بمن تنبأ بشخصية وسمات كل شخص بشكل أفضل: إما أنفسهم أو أصدقائهم. كان الهدف هو التأكد من الشخصية التي تنبأت بشكل أكثر دقة.

كشفت النتائج أن الأشخاص كانوا أكثر وعيًا باستقرارهم العاطفي مقارنة باستقرار أصدقائهم، كما هو الحال عند التحدث أمام الجمهور أو مدى التوتر الذي يظهرون عليه عند التحدث في مناقشات جماعية. كان لدى الأصدقاء رؤية أفضل حول ما إذا كان المرشح الحازم قد شارك أو تنبأ بأدائه في اختبارات الإبداع أو الذكاء. تظهر قدرتك على فهم النطاق الترددي العاطفي الخاص بك في ظهوره للآخرين بشكل أكبر مما قد يكون عليه الأمر بخلاف ذلك.

السمات التي تكون مرئية للآخرين أكثر من نفسك قد تظل غامضة بالنسبة لك. يتطلب الغناء في حانة الكاريوكي إقناع نفسك ومن يستمعون بوجود موهبتك، ومع ذلك يمكن لهؤلاء المستمعين تقييم أسلوبك الغنائي ونطاقك الصوتي بشكل أفضل.

يميل الناس إلى المبالغة في تقدير ذكائهم، وهذا النمط أكثر شيوعًا بين الرجال منه بين النساء. يميل الناس أيضًا إلى المبالغة في تقدير مدى كرمهم في الواقع، حيث يُنظر إلى الكرم على أنه سمة مثيرة للإعجاب. يعتقد الناس أيضًا خطأً أنهم غير متحيزين أو يصدرون أحكامًا، فمن سيعترف بمثل هذه الادعاءات ضد أنفسهم؟

كيف يمكنك مسح هذه النظرة الغامضة لنفسك ورؤية نفسك بوضوح في المرآة؟ عندما يكون من الصعب عليك قبول جانب من جوانب نفسك، اطلب من الأشخاص الأقرب إليك الدعم في حمل المرآة لك. يميل الأصدقاء أو الآباء أو الشركاء الرومانسيون إلى الحصول على نظرة ثاقبة حول هويتك الحقيقية أكثر من أي شخص آخر؛ ومع ذلك، يمكن أيضًا أن يصبح انطباعهم غامضًا بسبب الحب أو التحيز الذي يحملونه ضدك.

العناصر الحيوية الخاصة بك تشكل شخصيتك؛ افهمهم. وتشمل هذه:

ومهمة، (ATC) والأنشطة والأهداف على مدار الساعة، (T) والمزاج، (I) والاهتمامات، (V) تعد القيم مهمة لحياة ناجحة، (LMG) الحياة وأهدافها.

S ـ المهارات/نقاط القوة

إن إدراك قيمك ـ مثل مساعدة الآخرين، والصدق، واللطف ـ يشكل الأساس لاتخاذ قرارات مهمة في الحياة وتحديد الأهداف. إن معرفة قيمك ستساعدك على الاستمرار عندما تصبح الأوقات صعبة وتبقي الدافع مرتفعًا! لقد أثبت أن تدوين هذه الأمور في مجلة أو مذكرات يحفز الإجراءات المتخذة نحو الوعي الذاتي! معرفة قيمك

عند اتخاذ القرارات هل تعتمد على المشاعر أم الحقائق؟ * كيف يمكنك إعادة شحن مخازن الطاقة الخاصة *
بك ـ منفتح أم انطوائي؟ * هل تخطط لكل شيء بدقة أم تسير مع التيار؟ * هل التفاصيل أكثر أهمية بالنسبة لك أم
الأفكار الأكبر؟

إن فهم ردودك على مثل هذه الاستفسارات سيسمح لك بوضع نفسك بشكل حدسي في المواقف التي من شأنها
تعزيز النمو مع تجنب تلك التي تحد منه. عندما تتوافق شخصيتك مع البيئة المحيطة بها، يتم استخدام الطاقة في
مشاريع إنتاجية بدلاً من إهدارها وستشعر أنك أقل إرهاقًا من ذي قبل.
الإيقاعات الحيوية أو الأنشطة على مدار الساعة: هنا، يجب أن يكون التركيز على الإيقاعات الحيوية الخاصة
بك أو الأنشطة على مدار الساعة، على سبيل المثال، متى تواجه ذروة مستويات الطاقة لديك: في الصباح أو في
منتصف النهار؟ يتيح لك الانسجام مع علم الأحياء الخاص بك جدولة الأنشطة عندما تحقق أكبر عائد؛ غالبًا ما
تكون هذه الخصائص موجودة منذ الولادة ـ فالأمر يتعلق فقط بالتعرف عليها والتصرف وفقًا لها.
إن الجمع بين الترددات البيولوجية والأنشطة يجلب لك تجارب مجزية، مما يجعل الحياة أسهل بكثير عندما لا
تتظاهر بأنك شخص آخر.
تصبح الحياة أكثر سعادة وذات مغزى أكبر عندما نفهم مهام حياتنا وأهدافها. إذا لم تكن متأكدًا من كيفية القيام
بذلك، ففكر مرة أخرى في الأحداث التي كانت ذات معنى خاص في حياتك، وتفحص أسبابها: هل كان الأشخاص
الذين قابلتهم هناك أم مجرد الشعور الذي مررت به؟ يمكن أن يكشف هذا التمرين عن الجوانب الخفية لشخصيتك
وكذلك يكشف ما الذي يدفع قراراتك المهنية أو الجوانب الأخرى.
بمجرد أن تعرف إلى أين تريد أن تتجه في الحياة، سيكون من الأسهل تقييم ما إذا كنت تمتلك الأدوات أو نقاط
القوة المطلوبة لتحقيق أهداف حياتك. وقد تشمل هذه المواهب أو القدرات أو المهارات بالإضافة إلى نقاط القوة في
الشخصية مثل الذكاء العاطفي والمرونة والولاء ـ وما إلى ذلك.
إن الاعتراف بنقاط القوة والقدرات لدى الفرد يبني الثقة بالنفس؛ إن البقاء غير مدرك لها يؤدي إلى تدني
احترام الذات.
لفهم نقاط قوتك بشكل أفضل، انتبه إلى الثناء ولكن كن متواضعًا عند قبوله! على سبيل المثال، إذا أخبرك
شخص ما أنه يحب صوتك الهادئ، فاغتنم هذه الفرصة لصقل هذه الموهبة والغناء كثيرًا! بالإضافة إلى ذلك،
انتبه إلى أي نقاط ضعف حتى لا تضر بثقتك بنفسك وتتطلب إجراءات علاجية.
بمجرد أن تصبح أكثر وعيًا بذاتك وتفهم نفسك (أي سمات شخصيتك ونقاط قوتك وضعفك ومحفزاتك)،
ستشعر بالقوة عندما تعلم أنه يمكنك استخدام هذه المعرفة ليس فقط من أجل النمو الذاتي ولكن أيضًا لاكتساب
رؤية أكبر لمن حولك. أنت. من خلال معرفة نفسك بشكل أفضل، ستعرف أين يجب رسم الحدود وكذلك
المحفزات التي يجب تجنبها حتى لا تعطل السلام العقلي ـ كل المهارات الأساسية لإعطاء 100 بالمائة دون
الشعور بإرهاق نفسك!
المعرفة قوة؛ معرفة الذات يمكن أن تجلب السلام.

افهم تحيزاتك وأحكامك المسبقة وقيودك
من المحتمل أنك سمعت قصصًا عن التحيز حيث تم تجاهل شخص ما في الوظيفة أو استهدافه من قبل
سلطات إنفاذ القانون بسبب العرق أو الجنس أو الجنسية. إن تصورنا الطبيعي لهؤلاء الأشخاص هو أنهم أشخاص
سيئون لتحيزهم تجاه مجموعات معينة؛ لكن معظمهم لا يدركون أن الباحثين في علوم الدماغ والنفس يزعمون أن
التحيزات والأحكام المسبقة تميل إلى أن تكون عمليات لا واعية لا تزال تؤثر على التفاعلات مع الآخرين وتساهم
في الظلم الاجتماعي في المجتمع.
يصبح هذا السلوك أكثر وضوحًا عند التفاعل مع أشخاص خارج دائرتك الاجتماعية المباشرة من خلال
إظهار التحيز (التحيزات العاطفية)، والتمييز (التحيزات السلوكية)، والقوالب النمطية (التحيزات المعرفية). وقد

تكون مثل هذه التحيزات غير واعية (أي تلقائية ومتناقضة)؛ وربما تم رعايتهم أيضًا من قبل المجتمع ككل؛ التربية لها تأثير هائل. يمكنك تطوير الوعي بتفكيرك اللاواعي وكذلك تحديد كيفية تأثيره عليك من يوم لآخر كيف تتشكل التحيزات والأحكام المسبقة، وما الذي يمكن فعله حيالها؟؟ عند النظر في هذه الأسئلة، ينبغي للمرء أن يركز أولا على مصدر التحيزات والأحكام المسبقة، ثم على طرق التخفيف من آثارها. تميل عقولنا إلى تصنيف المعلومات وفصلها إلى أقسام منفصلة مما يؤدي إلى هذا السلوك. عندما تقوم بتكوين ارتباطات في الظروف الاجتماعية عن طريق تخزين ومعالجة وتطبيق المعرفة عن الآخرين، وهو ما يُعرف باسم الإدراك الاجتماعي؛ تنشأ التحيزات الضمنية عندما يبحث دماغنا عن أنماط لإنشاء اتصالات ـ وهو الأمر الذي يقودنا مباشرة إلى التحيزات الضمنية

تنجم التحيزات الضمنية عن ميل دماغنا إلى اتباع طرق مختصرة في محاولة لتبسيط الحياة. نظرًا لأن الحمل الزائد للمعلومات يمكن أن يجعل معالجة البيانات مرهقة وتستغرق وقتًا طويلاً، فإن الاختصارات العقلية تسمح لنا بفحصها بسرعة أكبر والعثور على المعلومات ذات الصلة.

على الرغم من أن تغيير تحيزات الآخرين وأحكامهم المسبقة يمثل تحديًا، فمن خلال تحديد تفضيلاتك الشخصية، يمكنك المساعدة في تقليلها ومساعدة الآخرين على فهم كيفية تأثير تحيزاتهم على أحكامهم وتصرفاتهم تجاه الآخرين.

لنبدأ من الأساس. أولاً وقبل كل شيء، عليك أن تدرك أن كل شخص هو فرد يتمتع بصفات فردية ونقاط قوة ونقاط ضعف لا يمكن تصنيفها. لذلك، اقض وقتًا في التعرف على الأشخاص على المستوى الحميمي وتجنب تصنيف الأشخاص أو تصويرهم نمطيًا على أساس الصور النمطية أو التحيز. إذا كان رد فعلك تجاه شخص ما بسبب ذلك، قم بتغيير سلوكك على الفور لإزالة هذه المعتقدات الضارة؛ على الرغم من أن الردود قد تأتي بسرعة في بعض الأحيان؛ خذ بعض الوقت بعد التصرف للتفكير والنظر في الخيارات الأخرى قبل التصرف بطرق معينة مرة أخرى.

يعد تغيير المنظور أيضًا أمرًا أساسيًا في تغيير عقلية الفرد. من خلال رؤية الأشياء من وجهة نظر الآخرين، فإنك تضع نفسك في مكانهم وتساعدك على فهم من أين أتوا، وكيف يفكرون، وتجاربهم. قد يؤدي القيام بذلك أيضًا إلى غرس التعاطف بداخلك ـ بمجرد ظهور هذا الشعور، من الطبيعي أن تفكر مرتين قبل إصدار الأحكام عليهم. يعد التعامل مع الثقافات والأعراق والأجناس الجديدة مفيدًا أيضًا في توسيع منظورك. ومن خلال منح المزيد من الوقت والاهتمام للأشخاص من هذه المجموعات، ستشعر بإحساس فوري بالانتماء يمنع أي تحيز من التطور ضدهم.

وبصرف النظر عن اليوغا والتأمل، فإن ممارسات اليقظة الذهنية مثل التنفس المركّز أو تأمل اليوغا المركّز تمكّن الأفراد أيضًا من الوعي الذاتي والسيطرة على أفكارهم وأفعالهم.

يمكن أن تكون التحيزات الشخصية والأحكام المسبقة والقيود مزعجة لأنها تمنعك من رؤية الأشخاص خارج نطاق معين ـ مما يؤدي بدوره إلى فهم غير صحيح لهم. لكن على الجانب الإيجابي، فإن امتلاك عقل منفتح ووعي بهذه القيود سيسمح لك بالعمل على التخلص منها أو على الأقل التقليل منها ـ لن يؤدي ذلك إلى تحسين قراءتك للأشخاص فحسب، بل سيوسع عقلك بشكل أكبر ويشجع التطور الشخصي.

الفصل 13: فهم الحدس للنجاح

هل وجدت نفسك يومًا في طريق مسدود، غير متأكد من الاتجاه الذي يجب أن تسلكه؟ بعد إعداد قوائم شاملة بالإيجابيات والسلبيات لمختلف الخيارات المتاحة لك، لا تحقق أي تقدم في اتخاذ القرار؟ ويطرح كل خيار عقبات مختلفة، مما يجعلك غير متأكد من أفضل السبل للمضي قدمًا.

في ظل هذه الظروف، من المهم إجراء جرد صادق لنفسك وتحديد رغباتك الحقيقية. ولكن إذا لم تأت هذه العملية إليك بشكل طبيعي وكان الضغط يجعلك تتصرف بشكل متهور أو تلتزم بالسلوك الذي يرضي الناس بدلاً من ذلك، فقد تكون النتائج مدمرة.

الحدس يمكن أن يكون صديقك في أوقات الشدة. البعض يسميها الحدس. يشير آخرون إليه على أنه شعورهم الغريزي أو صوتهم الداخلي أو حدسهم. بغض النظر عن الاسم الذي يطلق عليه، فإن الحدس سوف يرشدك على طول مسارات الحياة الصعبة عن طريق إخبارك عندما يتوافق القرار مع قلبك.

ومع ذلك، يجد الكثير من الناس صعوبة في التعرف على حدسهم. وذلك لأن عقباتنا الداخلية غالبًا ما تعترض طريقنا، مثل الإفراط في التفكير، والسعي للحصول على الموافقة، والتحيزات الضمنية، والصدمات الماضية التي تمنعنا من الاستفادة منها. يتطلب التغلب على هذه العقبات الوعي الذاتي والقدرة على تحديد الأسباب التي تدفعك إلى اتخاذ قراراتك؛ وعندما يتم تحقيق ذلك، فإن التفكير البديهي القوي يؤدي إلى اتخاذ قرارات تفيد أنفسنا كأفراد ونحرص على اختيار القرارات التي تخدمنا جيدًا.

يعد الأشخاص المشهورون مثل هنري فورد أمثلة رائعة لأولئك الذين يعتمدون على الحدس. كان أحد هؤلاء الأفراد في عام 1914 عندما واجه هنري فورد انخفاض الطلب وارتفاع معدل دوران المبيعات في شركته. فبدلاً من اتباع النصائح التقليدية وزيادة رواتب الموظفين بنسبة 50%، اتخذ خطوة جريئة وقام بمضاعفتها بدلاً من ذلك، مما أدى إلى انخفاض معدلات دوران الموظفين وزيادة عدد العمال الذين يوفرون السيارات لأنفسهم، وفي النهاية ارتفاع الطلب مرة أخرى.

كان ألبرت أينشتاين عالمًا بارزًا آخر تجاهل النظريات التقليدية للفيزياء بسبب حدسه. اعترف بأنه يؤمن بالإلهام والحدس وشعر بالثقة في أنه كان على حق رغم عدم معرفته على وجه اليقين. عندما أجرى العلماء بتمويل من الأكاديمية الملكية تجارب لاختبار نظرية النسبية لأينشتاين، كان متأكدًا من نجاحهم - ولم يكن مفاجئًا إذن عندما أثبت الكسوف في 29 مايو 1919 نظريته!

اعتمد بول مكارتني بشكل كبير على الحدس عند إنشاء "أمس". ووفقا له، كان يحلم بكتابة شيء من شأنه أن يحظى بشعبية كبيرة ولكنه كان مرعوبًا من أن محتوياته قد تختلف عما كان متوقعًا. ومع ذلك فقد ظل يثق في نفسه ويعتمد على الحدس الذي قاده في النهاية نحو النجاح وما اعتبره "التجربة الأكثر سحراً".

إذن ما هو الحدس بالضبط؟ إحدى النقاط الأساسية التي يجب تذكرها حول الحدس هي أنه يفتقر إلى المنطق؛ وبدلاً من ذلك يعتمد على الغرائز العاطفية أو الخبرات أو عوامل أخرى لاتخاذ القرارات. علاوة على ذلك، يمكن تقسيم الحدس إلى ثلاث فئات مختلفة.

* يتعلق هذا المجال بالذكاء (IQ) البصيرة والتماسك: وينطوي على إدراك الشيء دون فهم مصدره.
يشير الحدس الذاتي إلى الوهم بمعرفة شيء ما، وغالبًا ما يستخدمه الأشخاص الفضوليون فكريًا والذين يحلون الألغاز. * يشير التعلم الضمني إلى معرفة شيء ما من خلال التقاط الأنماط المعرفية.

يعتمد الحدس على مطابقة الأنماط من التجارب السابقة مع تلك الموجودة في المواقف الحالية، مع معالجة المعلومات بشكل واعي وغير واعي بواسطة دماغك. ثم يسحب حدسك هذه الأفكار والأنماط من الجزء اللاواعي من دماغك ويطبقها مباشرة في السيناريو الحالي - وهذا يؤدي إلى اتخاذ القرارات بسرعة أكبر وحسم أكبر. تلعب قدرات الدماغ التنبؤية دورًا في مطابقة أو عدم تطابق المعرفة المخفية التي لم تصل إلى الوعي مع التجارب الحالية.

لماذا حولنا هذا إلى محاضرة عن الحدس؟ ببساطة لأنه بمجرد أن تفهم طريقة عمله وتأثيره على اتخاذ القرار، قد تكون قادرًا على تمييزه عن الاستجابات العاطفية الناجمة عن الخوف والاستفادة من أفكاره لاتخاذ قرارات حياة أكثر فعالية.

لا يمكنك فقط تحديد حدسك، ولكن يمكنك تقويته بشكل أكبر من خلال التمارين المختلفة.

يساعد الاستبطان المتعمد على زيادة الوعي الذاتي والاعتراف بأولوياتك. الأفراد الذين ينخرطون بانتظام في الاستبطان يستكشفون مشاعرهم، وأين تؤثر عليهم، وأين تكمن استجاباتهم العاطفية. الأشخاص الذين يتأملون أنفسهم بانتظام لا يخشون الشعور بمشاعرهم؛ بل يكتسبون عادة التساؤل "كيف أشعر حيال هذا؟" من أجل التعرف على عواطفهم والثقة بها.

يُعرف الأفراد ذوي الحدس العالي بكونهم منفتحين وصادقين مع أنفسهم دون الاختباء خلف واجهة مفترضة، ويفكرون في احتياجاتهم ورغباتهم بدلاً من الوقوع في فخ "ما ينبغي أن يملكوه". وجهة نظرهم مدفوعة بالقيم التي تساعد في الحفاظ على التوازن داخل أنفسهم وتبقي الحدس تحت السيطرة.

من خلال إعادة شحن طاقتهم، فإنهم يبحثون عن العزلة من وقت لآخر من أجل إعادة الشحن والتفكير في الداخل. قد تأتي العزلة على شكل نزهة ممتعة عبر المتنزهات والغابات، أو احتساء القهوة بجانب حفرة النار، أو الجلوس بجانب البحر لمشاهدة غروب الشمس ـ أي نشاط يسمح لهم بسماع صوتهم الداخلي بينما يمنحون أنفسهم مساحة للتنفس.

التعاطف هو سمة أخرى شائعة بين الأشخاص البديهيين. إن قدرتهم على وضع أنفسهم في مكان الآخرين والشعور بكيفية تجربة شخص آخر لحدث ما تجعلهم الشخص المفضل للعديد من الآخرين. حدسهم يجعلهم فضوليين لفهم مدى شعور المقربين منهم؛ ليس من باب الفضول، بل من باب الرغبة في إقامة روابط قوية بين الأفراد؛ كلما زاد التعاطف البديهي مع شخص ما، أصبح من الأسهل بالنسبة له التنبؤ بمزاج ذلك الشخص ومعرفة احتياجاته وعواطفه. تلتقط حواسهم إشارات مثل لغة الجسد والتفاعلات الاجتماعية التي تساعدهم على فهم أكثر دقة لما يحتاجه الأفراد ممن حولهم من لغة الجسد أو التفاعلات الاجتماعية التي تساعد على ربط النقاط لفهم ما يحتاجه كل شخص آخر منهم وفهمه. ما يحتاجه الناس من الآخرين من حيث لغة الجسد أو التفاعلات الاجتماعية التي تساعد المتعاطفين البديهيين على استشعار ما يحتاجه كل شخص منهم أيضًا.

يمكن أن يكون الحدس مصدرًا قويًا يمكن أن يساعدك على الهروب من المواقف الضارة ويرشدك نحو المواقف التي ستحقق لك قدرًا أكبر من الرضا. بفضل استجاباته اللحظية وقدراته العقلية المفتوحة، يساعدنا الحدس على اتخاذ قرارات سريعة ومستنيرة. تعرف على المواقف التي يظهر فيها الحدس بسهولة أكبر للاستفادة من هذا المورد بشكل كامل. أعد إنشاء مثل هذه اللحظات لتعظيم قوتها.

الفصل 14 ـ كن صادقا مع نفسك

إن العيش في مجتمع اليوم يشكل أفعالنا وتفكيرنا وشخصياتنا بعدة طرق؛ قد يكون البقاء صادقًا مع نفسه أثناء خوض هذه الحياة أمرًا صعبًا؛ ومع ذلك، فإن كونك أصيلًا يساعد في إطلاق العنان لإمكاناتك الكاملة وتحقيق أقصى إمكاناتك.

عندما يسألك شخص ما عن حالك، كيف يجب أن ترد؟ هل تميل إلى افتراض أنهم لا يهتمون كثيرًا ويعطون إجابة غير صادقة مثل "أنا بخير"؟ أم يجب أن تفكر في الإجابة بصدق عما تشعر به بالفعل؟ يختار معظم الناس النهج الأخير لأن الكشف عن الحالة الحقيقية للشخص سيؤدي إلى مزيد من المحادثات حول أنفسهم والتي يفضل الكثيرون تجنبها.

ومن الناحية المثالية، لن يخشى الناس التعبير عن أنفسهم بحرية وارتداء الأقنعة بدلا من الانغلاق على الآخرين. ومع ذلك، لسوء الحظ، عندما نستمر في ارتداء أقنعتنا لفترة طويلة جدًا، يصبح من الصعب خلعها، مما يجعلنا نصبح أشخاصًا مختلفين، وحتى عندما نكون بمفردنا نبدأ في التفكير في كيفية رؤية الآخرين لنا وما قد يعتقده الآخرون عنا

لاحظ سفيند برينكمان، عالم النفس الدنماركي، أن الناس غالباً ما يتوقعون من أنفسهم والآخرين أن يظهروا دائماً سعداء وإيجابيين؛ ومع ذلك، يمكن أن يكون لهذا آثار جانبية سلبية. في حين أن كونك إيجابيًا يمكن أن يكون إيجابيًا في حد ذاته، فإن الظهور بالسعادة في جميع الأوقات قد يعني إخفاء مشاعرك الحقيقية لإرضاء الآخرين [من خلال الظهور بشكل إيجابي]14.

لا يمكن لأحد أن يبقى سعيدًا ومتفائلًا طوال الوقت. من خلال التظاهر بأن كل شيء على ما يرام عندما لا تكون كذلك، تتوقف عن كونك حازمًا وتبدأ في الابتعاد عن حقيقتك. إن الاعتراف بالمشاعر السلبية يدفع إلى التفكير في أسبابها والأحداث التي ربما ساهمت في ظهورها؛ وبمجرد العثور عليها، ينبغي بذل الجهود لحلها؛ إن مجرد إبقاء المشكلات مخفية لن يؤدي إلا إلى زيادة خطورتها بمرور الوقت وتصبح غير قابلة للإدارة.

كيف يمكنك البدء في الطريق نحو أن تصبح نفسك الحقيقية؟

تعلم أن تكون عرضة للخطر

أن تكون صادقًا مع نفسك يعني أن تكون قادرًا على طلب ما تحتاجه والتعبير عنه لفظيًا. يتيح لنا التعبير عن المشاعر من خلال الكلام التعبير عن احتياجاتنا ورغباتنا، مثل إخبار شخص ما "لا بأس ألا تكون بخير". تجاهل جانب واحد من نفسك قد يعني قمع جزء آخر؛ أن تكون نفسك الحقيقية يعني قبول جميع أجزاءك ـ الأجزاء المحتاجة وكذلك الأجزاء المكتفية ذاتيًا على حدٍ سواء!

الضعف يمنح الآخرين قوة أقل لتسليط الضوء على عيوبك أو نقاط ضعفك؛ بمجرد علمك بذلك، لا يمكن للآخرين استخدام هذه الأشياء ضدك.

خذ بعض الوقت لملاحظة كيف تتصرف عندما لا يكون هناك أحد؛ ما هي الإجراءات التي تسعد الآخرين أو نفسك؟ أن تصبح أفضل وأصيل، لا يعتمد على كونك ناجحًا أو أن تتمتع بمكانة عالية؛ بل يستلزم تطوير الشخصية من خلال كيفية التصرف عندما لا يكون هناك أحد.

لتحقيق الحياة التي ترغب فيها، من الضروري أن تكون صادقًا مع من تريد أن تكون. يتبع الكثيرون نهج "التصنع حتى تتمكن من تحقيقه" في الحياة، ولكن هذا يمكن أن يصبح تحديًا إذا كان الشغف والرغبة في العيش بشكل أصيل غير موجودين. تساعد الشخصية القوية على تطوير المرونة التي تسمح لنا بالوصول إلى وجهاتنا المرغوبة بسهولة أكبر.

يتم تعريف الشخصية من خلال كيفية رد فعلك في أي موقف معين بدلاً من أن تصبح ضحية لما يحدث لك. إن القيام بالشيء الصحيح عند مواجهة العقبات هو جزء من هذا المفهوم؛ هناك جانب آخر يتضمن بذل الجهود للتغلب عليها لتثبت للآخرين أنك قادر على تحمل كل ما يأتي في طريقك. إن تولي مسؤولية حياتك يعني عدم

الاعتذار فيما يتعلق بالاختيارات والأفعال التي تم اتخاذها، والبقاء متفائلاً حتى في أوقات الشدة، وأن تصبح أفضل ما لديك من أجل خلق الحياة التي تتصورها لنفسك.

لكن كيف يمكنك تحديد ما تريده حقًا؟ لسوء الحظ، النجاح أو المكانة أو الثروة لا تجلب دائمًا السعادة أو الرضا ـ فرغبتنا في تحقيق أهداف مادية تأتي من عدم الاعتقاد بأننا كافيون.

إن حاجة البشر إلى الشعور "بالاكتفاء" بما هم عليه هو ما يدفع الكثير منهم إلى شراء أشياء باهظة الثمن وتناول الطعام في المطاعم الفاخرة. تبدأ غرورك في إخبارك بأن تكون شخصًا ليس أنت فقط لإثبات قيمتك الذاتية للآخرين؛ لكن هذا لا يعكس الفهم الحقيقي لقيمة الذات.

يمكن للأنا أن تقمع ذواتنا الحقيقية من خلال سعيها الدؤوب للحصول على القيمة وحب الذات، وكوسيلة لملء هذا الفراغ نقوم بتغذيته من خلال البحث عن الثروة أو المكانة.

إن الاعتراف بأنك مكتفٍ دون كل الرتوش المادية هو المفتاح لإدراك هويتك الحقيقية وخلق الحياة التي تتخيلها لنفسك. من خلال الإيمان بهذا بعمق داخل نفسك، يمكنك التواصل مع هويتك الحقيقية وتشكيل وجود مُرضي لنفسك.

من خلال قبولك والاعتراف بهويتك الحقيقية، فإنك ترسل إشارة بأنك مستعد للشروع في الطريق الذي وضعه الكون أمامك، والتغلب على أي تحديات في الطريق، والظهور كشخص سعيد وراضي.

هل القراءة (الحكم) صعبة للغاية؟ قبل بضعة أيام، بينما كنت أنتظر في الطابور للدخول إلى صالة الألعاب الرياضية الخاصة بي لحضور جلسة التمرين المسائية، سمعت امرأتين تتحدثان عن عضوة أخرى في صالة الألعاب الرياضية تعرفان باسم "جودي السمينة **...". قال أحدهم شيئًا مثل: "أتساءل عما إذا كانت هنا الليلة نعم، ها هي ذا. يا إلهي، إنها دماغ حبة البازلاء".

وعندما جاء دورهما، دخلت المرأتان إلى صالة الألعاب الرياضية وهما تضحكان على جودي كنوع من الترفيه. كانت هؤلاء نساء ناضجات يكمن مصدر ترفيههن في انتقاد شخص يتعامل مع القضايا بطريقة مختلفة عنهن.

إن مثل هذه الأحداث تذكرنا بأن الحكم هو شعور غير سار. لسوء الحظ، غالبًا ما يحدد الحكم هويتك أكثر من تعريف أي شخص آخر؛ غالبًا ما ينبع ضعفك من نقاط الضعف داخل نفسك.

هل تبدو أي من هذه المواقف مألوفة بالنسبة لك؟ "لماذا يمتلك حساب تلك الفتاة على Instagram عددًا أكبر من المتابعين مقارنة بمتابعيني، على الرغم من أن صورها تبدو وكأنها التقطتها طالبة في المرحلة الابتدائية؟" ما يعنيه هذا هو أنك تتمنى أن يكون لحسابك المزيد من المتابعين، وتشعر بعدم الأمان بشأن ذلك طوال الوقت "يبدو هذا الرجل دائمًا سعيدًا ولطيفًا، لا بد أنه مزيف!" إنه يظهر غيرتك من قدرته على التواصل مع الناس وتتمنى أن تكون حياتك مرضية مثل حياته؛ ومع ذلك، بدلاً من العمل على تحسين نفسك شخصيًا، فإنك تحكم على الآخرين وتصنفهم بدلاً من ذلك.

"إنه يعتقد أنه مهم للغاية بسبب سيارته الباهظة الثمن ومنزله؛ يا لها من سطحية!" شفتاك تقول ذلك، وقلبك يعرف غير ذلك؛ ومع ذلك، فإن ما تعبر عنه شفتيك قد يعني في الواقع أن كل هذه الكماليات تجعلك تتمنى لو كنت تعيش نمط حياة مختلفًا، بدلاً من الشعور بالإفلاس المستمر.

انظر حولك وحاول التعرف على أي شخص يبدو واثقًا من نفسه بينما يحكم بقسوة على الآخرين. من المحتمل أنه لن يكون هناك أي شخص مثل هذا لأن أحكامك تكشف عن نقاط الضعف وانعدام الأمان والنقاط الناعمة التي تحاول إخفاءها عن المجتمع.

أحد الأسباب التي تجعلنا نحكم على الآخرين بسهولة هو أننا نفعل الشيء نفسه مع أنفسنا، فكل الطرق تؤدي إلى "نحن".

ماذا يمكنك أن تفعل إذا وجدت نفسك تقرأ وتحكم على الآخرين بقسوة شديدة؟ في حين أن التوقف تمامًا قد يبدو مثاليًا، إلا أن ذلك ببساطة غير ممكن. ومع ذلك، هناك طريقة فعالة للقبض على نفسك قبل أن تتحول إلى وحش حكم عديم الضمير: خذ ملاحظة عند القراءة أو الحكم على شخص ما وتوقف قبل أن تصبح وحشًا

ابقى فضوليا. الحكم يعيق التفكير العقلاني ويمنعك من فهم الأشخاص أو المواقف؛ في كثير من الأحيان تأتي هذه القناعات من معلومات محدودة.

الفضول يبقي المرء منفتحًا على احتمال وجود المزيد من الأمور في هذا الموقف؛ شيء خلف الكواليس لا يمكنك ملاحظته.

بمجرد أن يتصرف شخص ما بشكل غريب أو ضد تفضيلاتك، اسأل نفسك هذا السؤال البسيط: "هل هناك أي شيء يحدث مع هذا الشخص ولا أستطيع رؤيته؟" قد يبدو هذا النهج واضحًا ولكنه سيذكرك أنه غالبًا ما يحدث ما هو أكثر مما تراه العين.

يمكن أن يكون إصدار الأحكام على الأشخاص أمرًا سهلاً وقد يكون مُرضيًا؛ ومع ذلك، فإن البقاء فضوليًا يتطلب الذكاء العاطفي والنضج وضبط النفس.

قبل إصدار حكم فوري على شخص ما، توقف وفكر قبل التحدث أو إرسال رسائل نصية بألفاظ غير لطيفة. الكلمات لا تسترجع، قيلت ذات مرة إنها تترك انطباعًا مؤثرًا ومؤثرًا قد يستمر مدى الحياة! ضع نفسك مكانهم حتى تتمكن من فهم نواياهم؛ قم بتحويل أنماط التفكير السلبية إلى أنماط بناءة حتى تتمكن من مكافحة السلبية من الداخل ـ ثم القضاء على مصدرها!

إن إدراك عيوبنا هو جزء لا يتجزأ من النمو والتطور الشخصي، وتغيير الأنماط لنصبح أفرادًا أكثر إيجابية ونضجًا، مع قبول الآخرين دون حكم أو انتقاد كجزء من هذه الرحلة.

الفصل 15: تحديد الدافع الخاص بك

كما تمت مناقشته في الجزء الثاني، فإن فهم ما يحفز الآخرين أمر مهم؛ ولكن من الضروري بنفس القدر لسعادتك ورفاهيتك تحديد وفهم ما يدفعك في الحياة. من خلال البقاء ملهمًا ومحفزًا، ستجد الطاقة والدافع الذي يمكن أن يغذي السعادة داخل نفسك وينتشر في جميع من حولك ـ تمامًا كما أن ملء بئر فارغ لا يمكن أن يوفر الراحة!

يمكن أن يأتي الدافع الداخلي من مصادر متعددة، بما في ذلك الاستقلال المالي أو الفوائد الصحية أو الاستقرار أو تحقيق الذات. كل فرد فريد من نوعه في دوافعه. ولهذا السبب يزدهر البعض أكثر من خلال المهام أو العمل الموجه نحو المهارات بينما يظل البعض الآخر في وظائف الخدمة ـ تحدد هذه العوامل المسار الذي يختاره المرء:

1. الدافع الجوهري: الأنشطة التي تستمتع بالقيام بها لذاتها، مثل دراسة صحافة الجريمة لأن مشاهدة الأفلام الوثائقية عن الجريمة وقراءة الروايات الغامضة قد ألهمتها.

2. الدوافع المحددة: الأنشطة التي تشارك فيها والتي تقربك من تحقيق أهدافك؛ على سبيل المثال، دراسة الصحافة الجنائية إذا كان هدفك هو العمل كوكيل لإنفاذ القانون.

أظهرت الدراسات التي أجريت لاستكشاف آثار الدوافع الجوهرية والمحددة على سعادة الأطفال ورفاههم أن هؤلاء الأطفال الذين لديهم دوافع جوهرية لتعلم المزيد كانوا في حالة نفسية أفضل، بغض النظر عن درجاتهم.

بمجرد أن تفهم الدافع الذي يدفعك إلى اتخاذ أي إجراء، فإن الخطوة التالية يجب أن تكون تحديد ما الذي يدفعك. إن إجراء تقييم ذاتي والصراحة بشأن كيف ولماذا أصبحت ما أنت عليه الآن يمكن أن يساعد في تحديد ما يدفعك ـ ثم اكتشاف خطة عمل للوصول إلى المكان الذي تريد أن تكون فيه في الحياة.

ينصح الخبراء عند محاولة تحديد الدافع، أنه من المفيد أن تتذكر تلك اللحظات التي شعرت فيها بالحيوية والرغبة في إكمال شيء ما. إن التفكير في تلك المهام التي كان لها معدل مشاركة مرتفع بشكل خاص قد يكشف أين تكمن شغفك.

تذكر تلك الأمثلة وفكر في ما أدى إلى شعورك بالإنجاز أو الإثارة، ثم استكشف أسبابها من خلال فهم سبب حدوث الأشياء بهذه الطريقة. من خلال الإجابة على هذا السؤال، يمكن أن يساعد في تحديد المحفزات. إليك بعض الأسئلة التي يمكنك طرحها على نفسك لتحديدها:

* من تتصور نفسك أن تصبح بعد عامين أو ثلاثة أعوام؟

كيف سيتصرف هذا الشخص؟ إذا لم يكن المال والموارد مشكلة بالنسبة لك، فمن الذي ستساعده بكرم الروح؟ أين تريد الإدلاء ببيان مؤثر فيما يتعلق بما يثير اهتمامك أو يحفزك؟ * ما الهوايات والمساعي التي تجعلك سعيدا؟

* ما هي الصفات التي يجب عليك تطويرها لتصبح أفضل نسخة من نفسك وتخلق الحياة التي تتصورها لنفسك؟

أجب عن الأسئلة التالية لتكتشف مصادر إلهامك وتعيش حياة تعكس قيمك ومعتقداتك.

إحدى الخطوات المهمة نحو التحفيز هي مواجهة الخوف. الخوف يمنعنا من التقدم للأمام. إنه يعيق الحركة، ويجعلنا نشك في أنفسنا عند كل منعطف، ويقودنا إلى طريق الحذر غير الضروري. لسوء الحظ، في بعض الأحيان تنشأ مخاوفنا من الخيال وليس من التقييم الدقيق للمخاطر؛ حتى لو طغت الإثارة على الخوف من أجل متابعة مهمتك بشكل أكبر، ستظل هناك أجزاء من أنفسنا ترغب في الحماية من التأثيرات الخارجية وتتراجع في محاولة لضمان سلامتنا.

للهروب من هذا الموقف، من الضروري معالجة مخاوفك بشكل مباشر والتغلب عليها. الخطوة الأولى يجب أن تكون التعرف عليهم من خلال التحدث بصوت عالٍ؛ ومن خلال الاعتراف بهم بصوت عالٍ، قد تقل قوتهم عليك ببطء. اسأل نفسك هذه الأسئلة:

* ما هي احتمالات حدوث ما تخافه؟
ولماذا أنت قلق من احتمال حدوث ذلك؟

ومن خلال مواجهتها وجهاً لوجه، يمكنك اكتشاف أي المخاوف حقيقية وأيها متخيلة. ستشير مخاوفك أيضًا إلى المكان الذي قد توجد فيه فجوات تحتاج إلى سدها قبل الوصول إلى وجهتك ويجب وضع استراتيجيات إدارة المخاطر. بمجرد التعامل مع هذه المخاوف بشكل مباشر، يصبح من الأسهل بكثير تقييم ما يدفع ويوقف التقدم للأمام بشكل أسرع ـ المعرفة التي ستسمح لك بتحقيق أهدافك المرجوة بشكل أسرع.

الفصل 16: تطوير الرغبة في المحادثة

المحادثة هي وسيلة فعالة وسهلة لبناء الاتصالات وتبادل الأفكار وتطوير التفاهم المتبادل بين الناس. وينبغي أن تكون هذه التفاعلات ممتعة وتوفر نظرة ثاقبة لشخصيات الأفراد وتفضيلاتهم؛ ومن خلالهم ننمي التعاطف، ونشعر بالفهم، ونستمع لبعضنا البعض ـ مما يخلق تجارب لا تُنسى ونموًا دائمًا طوال حياتنا.

ومع ذلك، لجني فوائد "المحادثة" هذه، يجب أن تصل إلى نقطة يرغب فيها الناس في التحدث معك ـ وهذا يعني جذب الانتباه بسهولة، والسيطرة على الغرفة، والتألق في المواقف الاجتماعية أو المهنية.

هل هذه القدرات متأصلة أم يمكن تطويرها من خلال تدريب وممارسة محددين؟

إليك المعلومات الداخلية ـ يمكنك تنمية هذه القدرات من خلال وضع نفسك كفرد مثير للاهتمام ومثقف وواسع المعرفة.

كل إنسان يتوق إلى أن يكون مثيرًا للاهتمام؛ هذه هي الحقيقة التي لا جدال فيها. حتى الشخص الذي لا يشعر بالارتياح لوجوده في المقدمة سيظل يرغب في الظهور بمظهر مثير للاهتمام وتجنب تصنيفه على أنه ممل! كونك مثيرًا للاهتمام يؤدي إلى التأثير والفرص؛ ومن خلال فهم ما يجعل الشخص مميزًا مثيرًا للاهتمام، يمكنك أن تصبح واحدًا بنفسك وتصبح مؤثرًا في دائرة تأثيرك.

كيف يمكنك أن تفعل ذلك؟

ابدأ بأن تكون شاملاً. لا تحاول أن تكون "رائعًا" من خلال تجاهل الآخرين ـ فهذا لن يؤدي إلا إلى تقويض مصداقيتك بشكل أكبر. ادعم الناس بدلاً من تقويضهم: هذا يترك انطباعًا أفضل.

إذا رأيت شخصًا ما في حفلة أو حانة يحمل مشروبه أثناء البحث عن شخص ما للتحدث معه، فلا تتجاهله؛ حاول بدء المحادثة لتجعلهم يشعرون بأنهم مرئيون ومشمولون. ولعلك تذكر شيئًا عنهم تعلمته خلال إحدى محادثاتك السابقة؛ سيُظهر لهم ذلك أنك استمعت عند التحدث مع هذا الشخص أيضًا. أثبت أنك مستمع جيد حتى ينظروا إليك على أنك مثير للاهتمام.

في حين أن كونك مركز الاهتمام أمر لطيف، إلا أن التواضع أمر ضروري أيضًا. تشير الدراسات إلى أن الناس يستمتعون بقضاء الوقت مع أولئك الذين يظهرون التواضع. نظرًا لأن هذا المصطلح يمكن أن يختلف بشكل كبير اعتمادًا على السياق، فلنستخدمه كتعريف لدينا: احترام آراء الآخرين ووجهات نظرهم باعتبارها متواضعة ـ فهذا سيُظهر لشخص ما أنه مهم!

احرص على عدم الخلط بين التواضع وقلة احترام الذات أو الحزم؛ إن التواضع لا يتطلب سلوكًا يستنكر الذات ويجعل شخصًا آخر يشعر بأنه مميز. كن متواضعًا من خلال الاعتراف بقدراتك وما يمكنهم وما لا يمكنهم فعله؛ حتى شيئًا بسيطًا مثل قول "لا أعرف الإجابة بعد ولكنني سأبحث وأعود إليك" أو الاعتراف "لست على دراية بهذا الموضوع؛ هل يمكنك إخباري بالمزيد؟" يمكن أن تظهر التواضع.

تجنب التخويف من خلال إظهار أن لديك عقلاً منفتحًا ومبتدئًا! هناك إستراتيجية فعالة أخرى لدفع المحادثات إلى الأمام وهي الكرم الحقيقي، لأن هذا يثير استجابة نفسية من المعاملة بالمثل من الآخرين. ولا نقصد اللفتات المادية مثل شراء الهدايا أو الطعام؛ ما عليك سوى إجراء محادثات مفتوحة أو تقديم الثناء بحرية أو سؤال شخص ما عن شعوره دون أن يسأل فقط من باب الشكليات.

من خلال سخائك بوقتك واهتمامك، ستكتشف أن الآخرين أصبحوا أكثر اهتمامًا بك. سيقدرون معرفة أنك لست هناك فقط للحصول على فوائد مادية من وجودهم.

كن كريمًا بقول "نعم". إذا كانت لديك خبرة أو رؤى محددة فيما يتعلق بمجال يهم الآخرين، فاستخدمها بحرية دون التفكير في ما سيعود عليك في المقابل.

إن كونك مثيرًا للاهتمام ومفيدًا سيمكنك من كسب استحسان الآخرين وإقامة علاقات تدوم مدى الحياة. باتباع ممارسات المحادثة المذكورة هنا، سيصبح من السهل أن تصبح موضوع اهتمام المحادثة.

هل واجهت فترات توقف طويلة ونظرات محرجة، مما جعل المحادثة غير مريحة

سيواجه الجميع في مرحلة ما فترات توقف طويلة ونظرات غريبة أثناء المحادثات مما يجعلنا غير مرتاحين، وعندها ندرك أهمية استمرار الحوار؛ يُعرف أيضًا بإبقاء الأشخاص منشغلين في مناقشاتهم.

إليك كيفية القيام بذلك: ابحث عن اهتمامات مشتركة. يختلف الناس بشكل كبير فيما يتعلق بالاهتمامات والأولويات؛ العثور على شيء مشترك يساعد في بناء الجسور بينكما. بمجرد العثور على شيء مشابه بين شخصين، قم بتدوين كل ما تجده مثيرًا للاهتمام حول هذا الموضوع (كبداية للمحادثة). قم بمراجعة تلك القائمة عدة مرات حتى تبقى في ذاكرتك بسهولة عندما تظهر نقاط المحادثة في تلك المنطقة ـ ثم ارجع إليها عند الضرورة! بالإضافة إلى ذلك، اكتب بداية المحادثة حول الموضوعات ذات الصلة بكل منكما حتى لا تكون هناك نهاية للمناقشة أبدًا!

تشمل المواضيع المثيرة للاهتمام كرة القدم، وأحدث الأجهزة التي تم طرحها في السوق، أو مشاهدة فيلم أو قراءة كتاب وجدته ممتعًا أو سماع تعليقات دونالد ترامب التي جعلتك تضحك بصوت عالٍ.

لا تخجل من طرح أسئلة مفتوحة عندما تجد نفسك عاجزًا عن الكلمات ـ فالاستفسار المفتوح يتطلب أكثر من مجرد إجابة "نعم/لا" ومن المؤكد أنه سيثير محادثة بين الأطراف المعنية.

قد تتضمن أمثلة المواضيع ما يلي: حفلة موسيقية: أفكاري
ما هو المشهد السينمائي الذي استمتعت به أكثر والخروج بمفردك أو في مجموعات؟

هذه الأسئلة تشجع الناس على الانفتاح أكثر عن أنفسهم. من خلال القضاء على فترات الصمت المحرج بين المحادثات، فإن هذه الأنواع من الأسئلة تحافظ على تدفق الحوار بسهولة أكبر بينك وبين شخص آخر. من خلال طرح هذا النوع من الأسئلة، فإنك تظهر لشخص ما أنك تهتم بآرائه وعواطفه ـ وهذا يبني العلاقات! من خلال الحفاظ على استمرار الحوار بينك وبينه. سوف يقدرون هذا الجهد الذي بذلته للحفاظ عليه.

إنشاء الروابط العاطفية

لا ينبغي أن يُنظر إلى المحادثات على أنها مجرد كلمات: فهي تعمل على بناء روابط عاطفية بين الناس. بينما يمكنك إجراء حوار كامل دون مشاركة معلومات ذات معنى، فإن القيام بذلك يساعد في إنشاء روابط ذات معنى ويعطي لمحة داخلية عن شخصية الآخر.

صريحة! عندما لا ينجح أي شيء آخر، لا تتردد في التحدث! يمكن أن تصبح المحادثة في كثير من الأحيان صعبة لأننا نخشى أن تكون كلماتنا مملة للآخرين؛ لذلك، تظل أفكارنا وكلماتنا مخفية حتى تظهر مخاوفنا من الإدانة في كلمات أو أفعال. لكن في كثير من الأحيان لا ينبع هذا الخوف من أكثر من مجرد خيال!

في المرة القادمة التي تجد فيها نفسك في مثل هذا اللقاء، تحدث عن رأيك بحرية (طالما أنه لا يحتوي على مواد عنصرية أو مسيئة جنسيًا). قد تندهش عندما تكتشف أن الناس ليسوا ضيقي الأفق كما كنت تتخيل!

لن تنجح جهودك في مواصلة المحادثة إلا إذا استثمر كلا المشاركين فيها وكانا على استعداد للمشاركة الكاملة. إذا أظهروا علامات عدم الاهتمام أو رفضوا المساهمة على الإطلاق، فاعتبر ذلك مؤشرًا على أنه يجب أن ينتهي على الفور.

بغض النظر عن اهتماماتك أو أهدافك لا يمكن إنكار أن العلاقات الشخصية هي مفتاح النجاح الشخصي والمهني، بغض النظر عن اهتمامات الفرد أو أهدافه الشخصية أو مهنته. ومع ذلك، ربما لاحظت أن بعض الأفراد يبدون قادرين على التواصل بسهولة مع كل ما يقابلونهم، بينما يكافح آخرون حتى لإجراء محادثات صحية، ناهيك عن تطوير علاقات هادفة معهم.

إليك كيفية الاقتراب من الفتيات الجميلات في الحانة وجذب انتباههن، أو رئيس القسم في حدث سنوي، أو جارتك من خلال التوقيع على عريضة لجعل الحي آمنًا.

فكيف يمكنك تطوير هذه المهارة؟

أولاً وقبل كل شيء، تذكر أن الناس يستجيبون بشكل أفضل للأشخاص الحقيقيين. إن إنشاء الروابط والحفاظ عليها يبدأ بنوايا صادقة؛ أي محاولة للتفاعلات السطحية لن تستمر إلا لفترة طويلة. إن التحدث مع الأشخاص فقط من أجل العروض الترويجية أو التذاكر المجانية لن يفي بالغرض ـ إذا كنت تهتم حقًا بالأشخاص، فيمكنهم أن يصبحوا أصدقاء حقيقيين بمرور الوقت.

ثانيًا، أظهر استعدادك لمنح الشخص الذي تحاول التواصل معه الوقت والاهتمام. في بعض الأحيان، بسبب محدودية الموارد، قد لا نكون قادرين على إغداق الهدايا أو العروض المادية للمودة على الأشخاص؛ إن منح شخص ما وقتًا حقيقيًا للتعرف على تفضيلاته وإعجاباته يعد بمثابة لفتة مؤثرة في إظهار أهميته.

إذا كنت تواجه صعوبة في معرفة المزيد عنهم من خلال البحث المستقل، فإن التواصل مع الأشخاص الذين يعرفونهم يمكن أن يساعد كثيرًا. يميل الناس إلى تقليد عاداتنا وهواياتنا، لذلك من خلال معرفة الأشخاص الذين يحبونهم بشكل أكثر حميمية، قد تكتسب بعض الأفكار عنهم أيضًا.

يمكن أن يكون إجراء الاتصالات أيضًا أمرًا لا يقدر بثمن في البيئات المهنية؛ يتم ملء العديد من الوظائف الشاغرة من خلال الإحالات والتواصل؛ وبالتالي، من خلال إنشاء العلاقات، فإنك تفتح نفسك على فرص لا حصر لها.

عندما يوصيك شخص ما بوظيفة ما، فإن توصيته يمكن أن تشهد على مصداقيتك، مما يسهل عليك تأمين تلك الوظيفة. لا تقلل من أهمية بناء العلاقات مع الزملاء لمجرد أنك تقضي وقتًا محدودًا معًا؛ المزيد من الأشخاص في دائرتك الاجتماعية يعني المزيد من الفرص في الحياة!

بمجرد إنشاء اتصال، يجب أن تكون الخطوة التالية هي تعزيزه والحفاظ عليه قويًا. لسوء الحظ، بمجرد أن يكون شخص ما بعيدًا عن الأنظار، فإنه غالبًا ما يسقط من ذكريات الناس؛ للتأكد من أنك لا تنسى، فإن أسهل طريقة هي من خلال الإيماءات الصغيرة مثل إرسال بطاقات عيد الميلاد أو رسائل عيد الميلاد من خلال الرسائل النصية أو كتابهم المفضل مع ملاحظة شخصية ـ قد تندهش من مدى سعادة الأشخاص بهذه التذكيرات التي تظهر مدى أهميتهم! نحن جميعا نتوق إلى أن نتذكر. أظهر لشخص ما أهميته من خلال إظهار أن علاقتك تقدره! يمكنك فقط إنشاء اتصالات مدى الحياة!

كل ما يتطلبه الأمر لكسب الناس هو إظهار أنك تفهمهم وتقدرهم؛ فإنك سوف تكسب ولائهم.

الفصل السابع عشر: الذكاء العاطفي للنجاح

لقد سهّل علينا العصر الرقمي أكثر من أي وقت مضى أتمتة المهام واستخدام الآلات لإدارة عبء العمل لدينا، ومع ذلك، كلما زاد اعتمادنا على التكنولوجيا، كلما ابتعدنا عن تجربة المشاعر المرتبطة بإكمال المهمة أو التغلب على الصعوبات لإكمال عملنا. تشعر.

يلعب الذكاء العاطفي دورًا هنا؛ فهو يشير إلى قدرتك على التعرف على مشاعرك ومشاعر من حولك، بما في ذلك كيفية تأثيرها على الآخرين وأفكارهم وسلوكهم. من خلال فهم المشاعر الإنسانية بشكل أعمق، يجد الأشخاص الأذكياء عاطفيًا أنه من الأسهل التواصل مع الآخرين بينما يكونون أكثر تعاطفًا وتفهمًا تجاه من يقابلونهم؛ تساهم هذه الجودة بشكل كبير في نجاحهم المهني والشخصي.

نظرًا لأن كلاهما يمثل أشكالًا مختلفة من، (IQ) غالبًا ما يخلط الناس بين الذكاء العاطفي وحاصل الذكاء الذكاء. ويكمن الاختلاف الرئيسي في كيفية قياس كل منها وتمثيلها.

يقيس معدل الذكاء الذكاء العقلي من خلال اختبارات موحدة ويرتبط بشكل مباشر بالقدرات العقلية؛ على سبيل المثال، القدرة على فهم المعلومات وتطبيقها في حل المشكلات. الأشخاص ذوو معدل الذكاء المرتفع بارعون في إجراء اتصالات عقلية سريعة وتقديم الأفكار المجردة بسرعة. يشير الذكاء العاطفي إلى كيفية استخدام الفرد للعواطف من أجل فهم المواقف؛ يميل أولئك الموجودون في الطرف الأعلى من هذا المقياس إلى أن يكونوا أفرادًا مستقرين عاطفيًا وقادرين على إدارة مشاعرهم بشكل جيد أثناء التعامل مع أولئك الذين يمرون بمراحل صعبة بفعالية.

الفرق الآخر بين هذين الشكلين من الذكاء هو أن معدل الذكاء هو شيء ترثه عند الولادة بينما الذكاء العاطفي يتطور من تجاربك أثناء تربيتك ومحيطك. يمكنك العمل لتصبح ذكيًا عاطفيًا كشخص بالغ من خلال تنمية مهارات التعامل مع الأشخاص الأقوياء.

وإليك كيف يمكنك تحقيق ذلك:

* انتبه لردود أفعالك. لا تتسرع في إصدار الأحكام قبل أن تفهم جميع جوانب الموقف بشكل كامل، وبدلاً من ذلك حاول رؤية الأشياء من وجهة نظر الآخرين وحافظ على عقل متفتح دون الاستسلام للصور النمطية أو التحيزات. من خلال قبول وجهات نظر الآخرين وقبول آرائهم، فإنك تبني ثقتهم.

* تقييم نفسك. هل أنت على علم بنقاط ضعفك؟ هل يمكنك قبول أن العمل على بعض المجالات في نفسك لكي تصبح شخصًا أفضل هو أمر ضروري؟ ألق نظرة صادقة ومدروسة على نفسك وكن شجاعًا بما يكفي لتغيير تلك الأجزاء التي تعيق النمو ـ فقد يغير ذلك حياتك! * ألق نظرة صادقة ومدروسة على نفسك! الصدق يمكن أن يغير إحياتك

* تقييم كيفية استجابتك في المواقف العصيبة. كيف تتعامل مع خيبات الأمل عندما لا تسير الأمور كما هو متوقع، على سبيل المثال عندما لا تسير الأمور على ما يرام؟ هل تنتقد أو تلوم الآخرين بدلاً من ذلك؟ تعد القدرة على إدارة خيبات الأمل بهدوء أمرًا ذا قيمة كبيرة في كل من الأوضاع المهنية والشخصية، فهي تمنع الانفعالات العاطفية من أن تؤدي إلى قرارات أو أفعال متسرعة قد تندم عليها لاحقًا.

* لا تسعى إلى التحقق من إنجازاتك. يمكن أن يكون التواضع أحد الأصول العاطفية التي لا تقدر بثمن؛ إن ممارسة ذلك يُظهر للآخرين أنك تتعرف على نقاط قوتك وإنجازاتك دون الحاجة إلى التباهي بها أمام الآخرين. بدلًا من ذلك، ركز على إنجازات الآخرين كوسيلة لإلهام نفسك! قد ترى فقط أن إنجازاتهم تؤثر عليك.

* إذا تحمل مسؤولية أفعالك. إذا تسببت في الإساءة إلى شخص آخر، فاعتذر أو حاول حل الموقف على الفور إذا لزم الأمر. لا تتجاهل مشاعرهم أو تقنعهم بالاعتقاد بأنه لا ينبغي أن يتأذوا بأي شكل من الأشكال؛ من خلال إظهار الجهد نحو تصحيح الأمور بأمانة وإجراء التعديلات، فإنك تثبت لهذا الشخص أنك تقدره وأنك ستفعل كل ما هو ممكن للحفاظ على العلاقات بينكما.

* انتبه لآثار أفعالك. قبل اتخاذ أي مسار عمل، ضع في اعتبارك دائمًا مدى تأثيره على المشاركين في الموقف وردود أفعالهم تجاه ما تقترح القيام به. هل سيضرهم أم يزيد الأمور تعقيدا بالنسبة لهم؟ إذا كان الأمر كذلك، فتجنب المضي قدمًا فيه تمامًا؛ ولكن إذا لم يكن من الممكن تجنب ذلك لسبب ما، فتأكد من مناقشة هذا القرار معهم أولاً ومحاولة إيجاد طرق لتقليل عواقبه السلبية.

الذكاء العاطفي هو المفتاح لقراءة وفهم الناس. فهو يسمح لك بتكوين روابط قوية مع الأفراد، مما يؤدي في النهاية إلى النجاح في جميع جوانب حياتك.

الفصل الثامن عشر: تهيئة البيئة المثالية لشريكك

عندما يعود شريكك إلى المنزل بعد يوم شاق في العمل، هل يفكر في نفسه: "أخيرًا! يمكنني الاسترخاء الآن!" أم أنهم يعتقدون بدلاً من ذلك: "ها هو يأتي مرة أخرى!" إذا كنت تريد زواجًا أو علاقة ناجحة، فمن الأفضل أن يفكروا في العبارة السابقة ـ على الرغم من أن العودة إلى منزل نظيف قد يكون أمرًا لطيفًا، إلا أن ما يهم أكثر هو جعلهم يشعرون بالراحة في بيئة يستمتعون بالبقاء فيها و تشعر بالترحيب والترحيب من جانبك بقدر عامل النظافة نفسه.

ماذا يجب أن تفعل عندما يكون لديك يوم عصيب؟ ابتسم وحاول أن تكون لطيفًا كما هو الحال مع الغرباء في الاجتماع، أو قم بإلقاء كل قصاصاتك العاطفية عليهم؟ من الغريب أن الأقرب إلينا غالبًا ما يرى الجانب الأسوأ منا. قد يجادل المرء بأنه بدون أن نكون "حقيقيين" مع بعضنا البعض في منازلنا وعلاقاتنا، فمن الذي سننفتح عليه أيضًا؟ ولكن هل يمكنك التعامل مع كل الغضب والانزعاج المتكرر منهم أيضًا؟ لذلك، من الضروري ألا تخلق بيئة لن تتمكن من العيش فيها بنفسك. من المؤكد أن كل شخص يمر بلحظات يسيطر فيها القلق أو الغضب أو التوتر. ومع ذلك، ابذل جهدًا للحد من هذه الحوادث حتى لا يعود شريكك إلى المنزل بالسلبية. إذا كان يبدو من الصعب عليك التعامل مع هذه المشاعر بمفردك، فتحدث مع الأصدقاء أو المعالجين للحصول على الدعم؛ فقط عندما تكون صحتك العقلية مستقرة، يمكنك خلق جو مثالي لكما.

يتطلب جذب شريكك إبقاء التكنولوجيا خارج المعادلة عند التحدث معه؛ أعطِ انتباهك الكامل دون التمرير عبر خلاصة تويتر الخاصة بك في الوقت نفسه؛ استمع إلى كيف سار يومهم وأبلغهم بما فعلته خلاله؛ إذا كان منزلك كبيرًا بدرجة كافية، فاحتفظ بأجهزة الكمبيوتر المحمولة أو أجهزة الكمبيوتر بعيدًا عن الأنظار لتقليل إغراء تسجيل الوصول كثيرًا؛ سيسمح التخلص من الفوضى بإعادة الاتصال بشكل متكرر بدلاً من ليلة واحدة فقط كل أسبوع.

بالإضافة إلى ذلك، يمكن أن تساعد التأثيرات الخارجية في خلق جو مثالي. على سبيل المثال، تأكد من أن رائحتك أنت ومنزلك تكون رائحتك جميلة عند وصول شريكك ـ فهذا سينعشه ذهنيًا على الفور ويجعله يشعر بالقرب. قم بإشعال الشموع المعطرة وتشغيل الموسيقى الخفيفة لإضفاء أجواء رومانسية ومريحة؛ من المؤكد أن رفيقك يريد البقاء معك لفترة أطول

يجب أن يكون منزلك واحة من الراحة والسلام ـ إذا كان بإمكانك المساعدة في بناء واحة مع شريك حياتك، فسوف يقطع ذلك شوطًا طويلًا نحو إقامة شراكة ناجحة.

الاعتراف بمناطق الراحة الخاصة بهم واستيعابها

هل تتضمن علاقتك ارتداء السراويل الرياضية، وإطلاق الريح في السرير، وصراخ شريكك "عزيزتي، هذه البثرة يمكن أن تسيطر على وجهك بالكامل!"؟ إذا كان هذا يصف الديناميكية بينك وبين شريكك، فقد نجحت في إنشاء اتصال ممتع تم تصميمه ليدوم.

في مرحلة ما من علاقتك، قد تواجه مواقف يكون فيها النشاط أو الوضع الاجتماعي الذي تريد الانخراط فيه خارج منطقة الراحة لشريكك. للحفاظ على السلام في العلاقة وتجنب الخلاف، من الضروري أن يفهم كلا الشريكين أين تنتهي مستويات الراحة لديهما وإلى أي مدى يمكنك دفعهما للخروج منها.

إذا كنت منفتحًا وشريكك انطوائيًا، فقد لا يستمتع بحضور العديد من الحفلات والأنشطة الخارجية مثلك. لذلك، يجب إيجاد حل وسط مقبول حيث لا يشعر أي من الشريكين بأنه مقيد بالبقاء في الداخل أكثر من اللازم؛ وحيث لا يشعر أي منهما بالتعرض المفرط بسبب التفاعلات الاجتماعية المستمرة، فهذا هو المفتاح للعثور على السعادة معًا.

لاستيعاب تفضيلاتهم، ابدأ بفهم حالتهم المزاجية ـ مثل عندما يشعرون بالرغبة في الخروج مقابل عندما يريدون قضاء المزيد من الوقت في المنزل مع والكتب. حاول أيضًا عدم الخروج لأيام متتالية والسماح Netflix

لاحتياطيات الطاقة الخاصة بهم بإعادة شحن نفسها قبل الخروج مرة أخرى. ستُظهر لهم هذه التعديلات الصغيرة في سلوكك أنك تهتم بتفضيلاتهم بينما تشجعهم على تجاوز مناطق الراحة الخاصة بهم لاستيعابك أيضًا. أثبتت الدراسات أنه عندما يشعر الأزواج بالراحة في علاقات الرفقة الخاصة بهم، فإن احتمالات استمرارها لفترة أطول تزيد بشكل ملحوظ. وعلى العكس من ذلك، فإن الوصول إلى مستوى الراحة يعني قدرًا أقل من الإثارة أو تجارب جديدة للاستكشاف، ويخاطر بأن تصبح قديمة مع مرور الوقت. إذًا، كيف يمكنك تحقيق التوازن بين استيعاب مستويات الراحة لشريكائك مع الحفاظ على الرومانسية حية؟

حاولا أن تفاجئا بعضكما البعض في بعض الأحيان - وليس بشيء كبير مثل شراء سيارة جديدة دون استشارة شريك حياتك أولاً - بدلاً من ذلك، ركزا على الإيماءات الأصغر وذات المغزى مثل تقديم وجبتهما المفضلة عند العودة من العمل، أو ارتداء الملابس الداخلية الأكثر جاذبية في السرير، أو التخطيط لمواعيد مفاجئة لإظهار حبك ومدى اهتمامك. ستضيف هذه المفاجآت الصغيرة عنصر المفاجأة دون الخروج عن مناطق الراحة الخاصة بهم.

يمكن للأزواج الذين يشعرون بالارتياح الشديد أن يقعوا بسهولة في منطقة عدم التحدث، متوقعين أن شريكهم يمكنه قراءتها دون أن يضطروا إلى قول أي شيء بأنفسهم. لكن الواقع غالباً ما يثبت عكس ذلك. قد يأتي فهم نفسك بسهولة للآخرين بناءً على الأنماط والسلوكيات المتوقعة، لكن في بعض الأحيان لا يمكنهم ببساطة تلبية توقعاتك. عندما يحدث هذا، يصبح التواصل والتعبير عن مشاعرك أمرًا بالغ الأهمية؛ لا تكبت المشاعر عند ظهورها؛ التعبير عنها علانية بدلا من ذلك! إذا كان هناك شيء قد ألحق بك الأذى العميق أو العاطفي، وإذا كانوا بحاجة إلى شخص يجلس معه أو يمسك بيده، فأخبره بذلك! إن التواصل من القلب إلى القلب هو دائمًا الطريقة الأكثر فعالية للتواصل مع الأشخاص الأقرب إلينا.

إذا كان التعبير عن مشاعره أمرًا لا يشعر شريكك بالراحة عند القيام به، فاستوعبه من خلال تعلم إشاراته غير اللفظية ولا تضغط عليه كثيرًا للتعبير عن نفسه. مع مرور الوقت، ستلاحظ تقديرهم للسماح لهم بالبقاء داخل منطقة الراحة الخاصة بهم.

منطقة الراحة الخاصة بشريكك هي المساحة التي تسمح لك برؤيتهم على حقيقتهم - نقاط قوتهم وعيوبهم. من خلال تعلم البقاء معهم في هذه المنطقة، سوف تكتشف شخصيتهم بسهولة أكبر وتتعلم كيفية تفسيرها بسهولة.

أن تكون عرضة للخطر

لقد تحدثنا باستفاضة عن الضعف في هذا الكتاب، ومن الجدير بالتكرار أن التعرض العاطفي يزودك بالقوة لفتح نفسك أمام التجارب والحب. يخشى الكثير من إظهار ضعفهم لأنهم يعتقدون أن ذلك يجعلهم يبدون ضعفاء - وهذا ببساطة غير صحيح! هذا هو السبب.

من خلال مشاركة نفسك الحقيقية مع الأشخاص الأقرب إليك، فإنك تظهر شجاعتك في أن يُنظر إليك على حقيقتك وأن يُنظر إليك على حقيقتك - مما يخلق شعورًا بالانتماء والحب والأصالة في العلاقات الأكثر أهمية.

إن المضي قدمًا بشجاعة لتكون عرضة للخطر له العديد من المزايا العاطفية. من خلال وضع نفسك في المواقف التي تجعلك عرضة للخطر، مثل وضع نفسك في المواقف التي تختبر همتك وتختبر مدى قدرتك على إدارة السيناريوهات الصعبة - بناء الثقة بالنفس مع تعزيز المرونة ضد العقبات على طول الطريق.

إن إظهار الضعف مع الأصدقاء والشركاء وأولياء الأمور يمكن أن يعزز التعاطف. إن القيام بذلك يسمح لهم برؤية نقاط ضعفك التي تميل إلى إخفائها عن الآخرين - وإخبارهم أنهم أكثر أهمية من أي شخص آخر من خلال فتح هذا الجانب لهم.

بالإضافة إلى تحسين العلاقات مع الآخرين، فإن التعاطف يقوي أيضًا علاقتك بنفسك. من خلال قبول الجوانب غير المرغوب فيها أو الضعيفة في نفسك وقبول تلك الجوانب كجزء منك، فإن التعاطف يزيد من قبول الذات وبالتالي يساهم في العافية الشاملة.

فيما يلي بعض الاقتراحات لمساعدتك على أن تصبح عرضة للخطر: * كن منفتحًا على استغلال الفرص التي قد تؤدي إلى الرفض. تواصل بصدق بشأن ما تريده من العلاقات - على وجه التحديد توقعاتك وحدودك -

بالإضافة إلى الموضوعات الشخصية التي لا تناقشها عادةً مع أي شخص آخر، مثل الأمور الشخصية التي تظهر في المحادثة ومناقشة الأخطاء السابقة التي ارتكبت في العلاقات.

* مناقشة الأحداث التي تثير مشاعر الخوف أو الخجل أو الحزن.

لقد استكشفنا حتى الآن بعض الطرق التي يساعد بها قبول الضعف على النمو؛ فهو يفتح الأبواب للتغيير مع بناء المرونة.

قد يكون التغيير أمرًا شاقًا بالنسبة للكثيرين لأنه يتضمن مغادرة منطقة الراحة الخاصة بهم والمغامرة في منطقة غير معروفة. لذلك، تتطلب هذه العملية عملاً مكثفًا ـ الخطوة الأولى هي تعلم أن تكون عرضة للخطر.

تخيل أنك تحاول التخلص من عادة سيئة لا يمكن تحديدها مثل الإفراط في تناول الطعام، مما أثر سلبًا على صحتك ومظهرك وميزانيتك. ولكن من أجل القيام بذلك بنجاح، يجب عليك أولاً تحديد السبب الجذري له؛ ما الذي يدفعك نحو الطعام في المقام الأول؟ هل تأكل للهروب من العواطف أو التوتر أو القلق أو بسبب الملل؟ من أجل التغلب على إدمانك على الطعام، يجب إلقاء نظرة صادقة على نفسك ـ فالاعتراف بعاداتك المظلمة لن تتغير بين عشية وضحاها، تمامًا كما لا تتغير مشاعرهم.

يتطلب التغيير تحليلاً ذاتيًا صادقًا وغير منحرف ـ والضعف هو البوابة إلى كل ذلك الضعف يمكن أن يفتح عقلك لوجهات نظر جديدة. إن مفتاح الترحيب بوجهات النظر والأفكار المتنوعة يكمن في قبول حقيقة أن تجاربك لم تكن مستهلكة بالكامل في الحياة؛ قد يكون التخلي مؤقتًا عن المعتقدات والقيم لصالح وجهات نظر أخرى أمرًا صعبًا؛ ومع ذلك، فإن الضعف يساعدك على رؤية ما هو أبعد من نفسك، حيث ستدرك أن هناك أشخاصًا يعيشون خارج رغباتك واحتياجاتك بالإضافة إلى قبول جميع وجهات النظر على قدم المساواة من أجل تكوين اتصالات ذات معنى مع هؤلاء الأشخاص الذين يعيشون هناك.

هناك قول مأثور قديم: كل ما تقدمه للعالم يعود إليك بشكل أو بآخر. وينطبق هذا أيضًا بشكل جيد عندما يتعلق الأمر بالعلاقات أو الاتصالات ـ ما تحضره سوف ينعكس عليك بالمثل؛ على سبيل المثال، الحب والتعاطف والتسامح والصبر سيؤتي ثماره في شكل روابط قوية وذات معنى، والعكس صحيح.

الجزء الرابع: تعلم كيفية الوصول إلى عقول الناس

الآن بعد أن فهمت كيفية عمل الأشخاص، فقد حان الوقت لاستخدام كل هذه المعرفة! في هذا القسم، سنستخدم كل ما تعلمته بشكل جيد ـ فك رموز حتى الأسرار الأكثر حفظًا بعناية قد يكون أمرًا صعبًا؛ هنا، سوف نستكشف ما الذي يكشف الناس، ونكتشف الأكاذيب بسرعة، ونكسر أي حواجز غالبًا ما يضعها الناس ضد أنفسهم.

إن كل ما يقرأه الأشخاص يدور حول الاهتمام بالتفاصيل الصغيرة والملاحظات التي غالبًا ما تمر دون أن يلاحظها أحد. باعتبارك قارئًا ذا خبرة، لا يمكنك السماح حتى بالاختلافات الصغيرة مثل نقر الأنف أو تشنجات الأظافر دون أن يلاحظها أحد؛ ولذلك يهدف هذا القسم إلى تعليمك كيفية تحديد هذه التفاصيل الدقيقة التي تساعد في إجراء تقييمات دقيقة.

الفصل التاسع عشر: مناقشة السلوكيات الأساسية والتعرف على الاختلافات

هل سبق لك أن لاحظت كيف يبدو شخص ما عندما يكذب؟ لسوء الحظ، لا توجد إجابة واحدة حيث أن كل فرد يعرض مؤشرات مختلفة للكذب. لغة الجسد، وتعبيرات الوجه، واختيار الكلمات والعادات قد تكشف ما إذا كان شخص ما يكذب. يمكن للإشارات اللفظية وغير اللفظية مثل هذه أن تساعد في تحديد الأكاذيب مقابل الحقيقة !ـ على الرغم من أنك قد لا تتعرف على المصطلح الأساسي نفسه

يمنحك تحديد الأشخاص الأساسيين القدرة على تقييم الأفراد بناءً على صدقهم. من خلال توفير مقياس موضوعي يمكن من خلاله المقارنة والحكم على ما إذا كان سلوكهم خارج عن طبيعتهم، أو مجرد مؤشر على .أنهم يتصرفون بشكل طبيعي

!فكيف يمكنك تحديد السلوكيات الأساسية؟ فيما يلي ثلاث خطوات سهلة ستساعدك على القيام بذلك

.الخطوة 1: ابدأ بالمصافحة

كما يقولون، الانطباعات الأولى تدوم ولن تحصل إلا على فرصة واحدة للإدلاء بهذا البيان الأولي المؤثر عن شخص ما. اعتبر أيضًا أن هذه هي اللحظة المثالية لتقييم تصرفات الشخص نظرًا لأن معظمها يكون في أقصى .حالاته الإيجابية خلال الاجتماع الأولي

يتمتع مندوبو المبيعات والمقابلات بمهارة في استخدام هذه المهارة، وغالبًا ما يخلقون انطباعًا أوليًا إيجابيًا لدى العملاء أو الموظفين المحتملين بعد مصافحة واحدة فقط. سر هم؟ إيلاء اهتمام وثيق للنظرة وجودة الصوت .والوضعية عند تحية الوافدين الجدد بمصافحة مقدمة

بغض النظر عما إذا كنت في موقف اجتماعي أو مهني، فإن مراقبة الإشارات الاجتماعية للأشخاص وتدوين الملاحظات الذهنية سيسمح لك بتقييمهم بسرعة أكبر. على الرغم من أن هذا قد يبدو تدخليًا في بعض الأحيان، فاعلم أن كل هذه البيانات تأتي إلى أذهاننا دون وعي على أي حال؛ ومن خلال بذل جهد واعي لتذكر وجوده، يمكننا إجراء اتصالات بسرعة فيما يتعلق بالسلوك

عند مصافحة شخص ما، انتبه إلى كيفية قيامه بإجراء أحاديث صغيرة وإلقاء النكات والرد على الأسئلة .الشخصية في بيئة طبيعية. يمكن أن تساعد هذه المعلومات في تحديد خط الأساس

.الخطوة 2: تحفيز ردود الفعل المختلفة من خلال طرح الأسئلة

إن مفتاح إنشاء خط أساس دقيق هو جمع ردود أفعال الفرد الطبيعية في المواقف المختلفة ـ كيف يتفاعلون عندما يكونون سعداء أو حزينين أو ملل مجرد أمثلة ـ على الرغم من أن هذا قد يكون صعبا في المواقف اليومية مثل الجنازات ـ على الرغم من طرح أسئلة محددة في بعض الأحيان لقياس ردود الفعل يمكن أن توفر نظرة ثاقبة .لهم عن كثب

هل يُظهر ديفيد أو جين علامات الانزعاج عندما تقول لهما "لا"؟ هل يرفع كيفن حاجبيه عندما يتحدث مع تايلور؟

ستوفر ردود أفعالك في الظروف غير المهددة الأساس لكيفية رد فعل هذا الشخص في السيناريوهات الأكثر .خطورة

يمكن استخدام حركة العين كمؤشر للانحراف عن السلوك الطبيعي. وفقًا للباحثين في جميع أنحاء العالم، عادةً ما يحافظ أولئك الذين ينخرطون في أنشطة غير شريفة على التواصل البصري عند التحدث، على الرغم من أن نمطهم يختلف عن الظروف الطبيعية ـ على سبيل المثال قد ينظرون إلى الأسفل أو يلقون نظرة في مكان آخر أثناء التحدث؛ أو أظهر تواصلًا بصريًا مستمرًا في البداية ولكن بعد ذلك قم بالتبديل بعد أن تتسبب الأسئلة المحفزة

أو الضغوطات في تغييره فجأة؛ وبالمثل، فإن الرمش بشكل أبطأ أو أسرع من المعتاد قد يشير أيضًا إلى حدوث شيء مريب.

تشمل الجوانب الأخرى التي يجب الانتباه إليها عند إجراء خطوط الأساس وضعيات الجلوس والوقوف، وسرعة الصوت ونبرة الصوت، وأسلوب الضحك، والتشنجات اللاإرادية العصبية، وإيماءات اليد، وتعبيرات الإثارة والمفاجأة. ما لا يدركه الكثيرون هو أن وجوههم غالبًا ما تكشف عن المشاعر الحقيقية من خلال التعبيرات الدقيقة مثل الابتسامة القصيرة أو رفع الحاجبين التي تحدث لأجزاء من الثانية فقط ولكنها تكشف بالضبط كيف يشعر الشخص حقًا ـ على عكس لغة الجسد التي يمكن التحكم فيها جزئيًا من خلال الوعي. منه

يتفق المحترفون على أن المشاعر التي تظهر أثناء التحدث على الوجه لا تشير دائمًا إلى الشعور بالذنب؛ في بعض الأحيان لا يريدون ببساطة التعبير عما يدور في أذهانهم. عندما يظهر على شخص ما هذه الأعراض، قم بالتحقيق أكثر من خلال طرح أسئلة محددة حول سبب شعوره بهذه الطريقة.

الخطوة 3: احتفظ بسجل عقلي للسلوك الأساسي.

المفتاح الأخير لحل هذا اللغز يكمن في تذكر كل ما تلاحظه ذهنيًا. احفظ سلوكهم مع أي معلومات إضافية مثل الزوج أو المهنة أو عنوان مسقط الرأس إذا لزم الأمر ـ خاصة إذا كانت ذاكرتك ضعيفة! قد يساعد توفير هذه التفاصيل الإضافية في ربط النقاط بسرعة أكبر مع تذكر التفاصيل الأخرى بسهولة أكبر؛ فقط لا تكتب كل شيء، إدع عقلك يتذكر

الفصل العشرون: صياغة الأسئلة المناسبة

هل سبق لك أن حضرت حفلًا، أثناء سرد قصة جذابة من العمل لمجموعة من الأشخاص، كل ما تم سماعه هو الرد: "أوه نعم! عظيم. هل يقدمون الجمبري؟" وسرعان ما تبددت طاقتك كما أنهت قصتك بسرعة، دون أن تشعر بالرضا عن الكيفية التي آلت إليها الأمور؟
ما حدث هو أن شخصًا ما كان نصف مستمع فقط وطرح سؤالاً غير ذي صلة أدى إلى قتل حوارك ومزاجك. للحفاظ على تدفق المحادثة بسلاسة، انتبه واطرح الاستفسارات ذات الصلة ـ فهذا سيجعلهم يتحدثون بحرية أكبر ويمكّنك في النهاية من الحصول على نظرة أعمق لهم، مما يساعدك في المقابل على قراءتها بشكل أفضل. إنه إمثل تأثير الدومينو
تعتبر الدعوة إحدى أدوات التواصل الأساسية؛ فهو يُعلم الحاضرين أن دورهم قد حان للتحدث أثناء تقديم اقتراحات حول الموضوعات التي يمكنهم استكشافها.
على سبيل المثال: طرح السؤال "كيف كان آخر كتاب قرأته؟" يفتح دعوة للمحادثة حول هذا الموضوع المحدد الذي تناولته في سؤالك.

تعمل هذه الدعوات بمثابة شبكة أمان أساسية عندما تنحرف المحادثة عن المسار الصحيح. إذا وجدت نفسك تواجه صعوبة في التوصل إلى موضوعات للمحادثة، فحاول إرسال دعوة للمشاركة في هذا المزيج ـ خاصة إذا كانت تتعلق بشيء ناقشته سابقًا! وإلا فإنه لن يضر ببدء مواضيع جديدة تماما.
يمكن أن تأخذ الدعوات شكل أسئلة أو بيانات. عند استخدام الدعوات المبنية على الأسئلة، تأكد من إبقاء اللغة منفتحة وقابلة للتواصل للحصول على أقصى قدر من الاستجابة.

تسمح هذه الأسئلة المفتوحة للشخص الذي أمامك بالتوضيح بدلاً من تقديم إجابات قصيرة. على سبيل المثال، اسأل: "هل كانت رحلتك جيدة؟" من المرجح أن يؤدي إلى إجابات بنعم أو لا. على النقيض من ذلك، اسأل "كيف كانت رحلتك؟" قد تتلقى ردودًا أكثر تفصيلاً توضح للشخص الآخر أنك تهتم به وتحفزه على مشاركة المزيد من التفاصيل حول رحلته معك.
من خلال الاهتمام بالتعرف على شخص آخر، فإنك تثبت شخصيتك. يؤدي هذا إلى إنشاء رابطة تمكينية بينك وبين ذلك الفرد ويسمح له بالانفتاح أكثر.
على غرار طرح أسئلة ثاقبة، فإن طرح أسئلة ثاقبة يظهر اهتمامك. باتباع القاعدة الكلاسيكية "اظهر، لا تخبر"، من خلال طرح أسئلة مدركة، فإنك تظهر للأشخاص الذين تهتم بهم ـ ولكن كن حذرًا من أن تكون فضوليًا!

بعد ذلك تأتي مهمتنا المتمثلة في طرح أسئلة جيدة وثاقبة.
إن القيام بالأمر الأخير لن يمنحك الكثير من المعرفة عن ذواتهم الحقيقية، حتى أنهم لن يفهموا سبب اهتمامك. قد يفترضون أنك تهتم بالطقس أكثر منهم! وبالمثل، من خلال طرح أسئلة حميمة مثل "ما هي أعمق رغباتك المظلمة؟"، يمكنك أن تجعلهم غير مرتاحين ويريدون الهروب منك في أسرع وقت ممكن.

ابدأ صغيرًا وبديهيًا. مع تقدم أسئلتك، اطرح أسئلة أكثر حميمية تدريجيًا مع الأخذ في الاعتبار مستوى راحة الشخص الآخر. إذا بدا في أي وقت منزعجًا من استفساراتك أو ظهرت عليه علامات الانزعاج، فتوقف. بدلًا من ذلك، عد إلى الأسئلة الأقل تطفلاً حتى تحصل على الإذن بمواصلة التحقيق بشكل أعمق.
قبل الخوض بعمق في شخصية شخص ما، يجب مراعاة اعتبارين مهمين.

أولاً وقبل كل شيء، لا يحدث انتقال العلاقة من العلاقة الرسمية إلى العلاقة الحميمة بين عشية وضحاها؛ بل هي عملية تدريجية تتطلب عدة محادثات مع مرور الوقت. في البداية قد تدور المحادثات حول موضوعات سطحية مثل الأسرة والهوايات. بمرور الوقت، يمكن أن تتوسع هذه المناقشات لتشمل المناقشات الشخصية مثل العلاقات السابقة أو صدمة الطفولة.

ذكّر نفسك بأن كل محادثة توفر فرصة لبناء علاقة واكتساب المزيد من المعرفة عن الشخص. مع مرور الوقت، قد يشعرون براحة أكبر عند مشاركة التفاصيل الشخصية عن أنفسهم.

ثانيا، بناء الثقة. إذا طلبت من شخص ما الكشف عن تفاصيل حميمة عن حياته، فكن مستعدًا لفعل الشيء نفسه في المقابل. ستؤدي مشاركة التفاصيل الخاصة بك إلى فتح قناة ثقة بينكما يمكنها بناء الثقة في أي علاقة.

تعتبر أسئلة الدعوة رائعة في فتح الحوار، لكنها لن تقوم بالمهمة بمفردها. لذا استخدم استعلامات المتابعة لتوسيع الحوار.

ببساطة، طرح أسئلة على شخص ما مثل: "ما هو شعورك حيال ذلك؟" أو "لماذا قلت ذلك؟" يُظهر فضولًا حقيقيًا لقصتهم أو رسالتهم ويزودهم بالتحقق من أن أفكارهم تحظى بتقدير شخص ما. يمنحك هذا أيضًا فرصة لإظهار القيمة من خلال الاستماع باهتمام أثناء المحادثات التي قد تبدو غير مريحة أو مملة للغاية بالنسبة لك.

في المرة القادمة التي يتحدث فيها شخص ما بعبارات غامضة، بدلًا من مجرد الإيماء والتحرك بسرعة، اسأله: "ماذا كنت تقصد بذلك؟" لتوسيع المحادثات الهادفة وإجراء المزيد منها، إليك بعض الأفكار الإضافية:

* ماذا تفعلين هذه الأيام، أختك/أخيك/زوجتك؟ * كيف سار يومك ــ وما هو الجزء الأكثر إثارة فيه؟ * لماذا أبديت مثل هذه الملاحظة المدروسة؟ * هل يمكنك توضيح الأمر ومساعدتي في فهمه بشكل أكبر؟ * هل تعتقد أن أفكارك ستتغير حول هذه القضية وفي النهاية ستغير رأيهم حولها؟

قبل الإجابة على كل سؤال، اسمح للشخص الآخر بالوقت والمساحة للرد، دون مقاطعة أثناء إجابته. الاستماع هو المفتاح عند التعرف على شخص أفضل!

وصيته الشهيرة لأينشتاين هي "التساؤل حول كل شيء". إن طرح أسئلة ثاقبة لأولئك الذين نتفاعل معهم يساعد في إنشاء تفاعلات فعالة وبناء علاقات ثقة وتكوين روابط ذات معنى.

الفصل 21: المسار السريع للإتقان في كشف الكذب

كم مرة فكرت: "لقد اكتفيت. إنهم يكذبون دائمًا!"؟ سواء أكان ذلك بعد علاقة فاشلة أو ضلال وعد الترقية الوظيفية، فإن الكذب دائمًا ما يكون مخيبًا للآمال ويمكن أن يجعلنا نشكك في حكمنا ونثق في الأشخاص الذين كنا نثق بهم ذات يوم بشكل أقل فأقل. ماذا لو كان هناك طريقة للخروج؟ سيزودك هذا الفصل بالأدوات اللازمة لتصبح جهاز كشف الكذب البشري الخاص بك حتى تتمكن من التعرف على أي علامات مشبوهة بسرعة وتعلم الثقة في الأشخاص الموثوق بهم فقط.

الحقيقة هي أن معظم الناس يكذبون أحيانًا. في بعض الأحيان قد تكون مجرد أكاذيب بيضاء صغيرة مثل "لا يا عزيزي، هذا الفستان لا يجعلك تبدو سمينًا!" لكن في حالات أخرى يمكن أن تكون الأكاذيب أكثر وضوحًا مثل، "كانت والدتي مريضة ولهذا السبب تأخرت اليوم"، أو خادعة تمامًا مثل، "ليس لدي علاقة غرامية، لقد أمضيت ليلة أخرى في العمل".

ومع ذلك، فإن معظم الناس سيئون في التعرف على الأكاذيب، مما يؤدي إلى خداعهم. وأظهرت دراسة أجريت لفحص هذا المجال أن 54% فقط من المشاركين استطاعوا اكتشاف الأكاذيب بشكل صحيح.[16] قد يكون من الصعب تقييم الاختلافات السلوكية بين الأفراد الذين يكذبون وأولئك الذين يقولون الحقيقة، حيث لا توجد علامات مميزة تسمح للشخص بتحديد أي من المجموعتين؛ ومع ذلك، قد تساعد المؤشرات الدقيقة في تمييز أحدهما عن الآخر. كما ذكرنا سابقًا في فصل آخر، فإن الاختلافات عن السلوك الأساسي هي مؤشر آخر على الكذب.

ومع ذلك، من الضروري أن تدرك أن كشف الكذب يعتمد بشكل كبير على الثقة في حدسك. من خلال معرفة العلامات التي يجب البحث عنها وتعلم كيفية تفسيرها بمعرفتك وغرائزك، سيصبح كشف الكذب أسهل بكثير بالنسبة لك.

أجرى علماء النفس والباحثون في العديد من الصناعات دراسات مكثفة حول الخداع ولغة الجسد لمساعدة أفراد إنفاذ القانون على اكتشاف المحتالين والكاذبين بسرعة أكبر وبدقة أكبر. وقد سلطت نتيجة هذا البحث الضوء على العديد من العلامات الحمراء المحتملة التي قد تشير إلى أي خداع:

* الغموض المتعمد من خلال تقديم الحد الأدنى من التفاصيل؛ عدم القدرة على تقديم تفاصيل حول أي حدث أو واقعة

* تكرار الجمل أو الأسئلة عند الإجابة على استفسارات محددة؛ التحدث في أجزاء الجملة.

* إظهار سلوكيات الحلاقة مثل الضغط بالأصابع على الشفاه أو التلاعب بخصلات الشعر

كما هو الحال مع أي شيء آخر، فإن الممارسة تجعل من اكتشاف الكذب مثاليًا أيضًا. إن قراءة الأبحاث وروايات التعلم يمكن أن تصل بك إلى ما هو أبعد من ذلك؛ يتطلب إتقان كشف الكذب حقًا الانتباه جيدًا والوعي بنسبة 100%.

على هذا النحو، نحول تركيزنا الآن إلى المؤشرات أو العلامات التي يجب عليك الانتباه إليها عند محاولة اكتشاف المحتال.

أولاً وقبل كل شيء، كن على دراية بالإشارات التي يجب الانتباه إليها. في حين يعتمد الناس على إشارات صحيحة للكشف عن الأكاذيب، فإن موثوقيتها كمؤشرات للكذب قد تكون محدودة. تتضمن بعض إشارات الخداع الشائعة التي يلاحظها الأشخاص ما يلي:

* إظهار اللامبالاة: عندما يحاول شخص ما أن يظل محايدًا عاطفيًا عن طريق قمع التعبير وعدم إظهار أي شيء، فقد يظهر نقصًا في التعبير، أو يتخذ وضعية غير عاطفية أو يهز كتفيه كوسيلة لعدم الكشف عن الكثير من المعلومات.

* عدم التماسك الصوتي: إذا بدا المتحدث غير متأكد من نفسه وبدأ يتمتم أو يتلعثم أثناء التحدث، فقد يكون ذلك بسبب عدم قدرة دماغه على التفكير بسرعة كافية لتغطية أكاذيبه.

* الإفراط في التفكير: عندما يبدو شخص ما عازما على تشويه الحقيقة، غالبا ما يكون الإفراط في التفكير هو النتيجة. مع المعرفة الصحيحة بالعلامات التي يجب البحث عنها والقدرة على استخدام الحكم بفعالية في أي موقف معين، يمكن أن يصبح الفهم أسهل بكثير.

ثانياً، لا تعتمد فقط على لغة الجسد. تدعو معظم كتب ومدونات كشف الكذب إلى التركيز فقط على لغة الجسد ـ التغييرات الطفيفة في السلوك والعلامات الجسدية التي تكشف من هو المخادع ـ للقبض على المخادعين. ومع ذلك، تشير الأبحاث الآن إلى أن إشارات لغة الجسد قد تساعد في اكتشاف الأكاذيب ولكنها ليست دائمًا مؤشرات موثوقة للخداع.

وجد هوارد إيريكمان، عالم النفس البحثي، أن التغيرات في حركات العين لا تشير دائمًا إلى الكذب؛ يمكن أن يكون سببها ببساطة استرجاع المعلومات من الذاكرة طويلة المدى أو التفكير الجاد.[17]

من هذه الدراسات وغيرها، يمكن أن نستنتج أن لغة الجسد، رغم أنها دقيقة في كثير من الأحيان، قد لا تكون دائمًا أفضل مؤشر على الكذب. إن معرفة شخص ما وأنماط سلوكه تعطي ميزة في التمييز بين الكذب وأنماط السلوك الأساسية.

ثالثًا، اطلب منهم أن يرووا قصتهم ـ بالعكس! النظرية وراء هذا التمرين هي أن الإشارات اللفظية وغير اللفظية التي تميز الحقيقة عن الأكاذيب تصبح أكثر وضوحًا عندما يزيد العبء المعرفي ـ وذلك لأن الكذب عملية مرهقة مقارنة بقول الحقيقة ـ ولهذا السبب يقول الناس "إذا قلت الحقيقة، فإنك ليس من الضروري أن تتذكر كل تفاصيله".

الأكاذيب المتعمدة هي أنشطة أكثر تحديًا من الناحية المعرفية؛ يحتاج أولئك الذين ينخرطون فيها إلى قدر كبير من الموارد العقلية في محاولة إخفاء أي روايات قد تكشف أكاذيبهم، ومراقبة سلوكهم وسلوك المستمعين. يتطلب إنشاء المصداقية وإقناع الآخرين بقصتهم جهدًا، ولكن عندما يقترن ذلك بطلب سردها بشكل عكسي، قد تبدأ في اكتشاف أي تصدعات في تناقضات السرد أو السلوك. وقد أثبتت الأبحاث هذه النظرية. إذا بدت القصة ضعيفة في التفاصيل، أو كانت مختلقة بالكامل، تذكر ما هي التفاصيل التي تكررت في المرة الأولى! القيام بذلك سيسمح لك بالتمييز بين الأكاذيب والحقيقة.

كما ناقشنا سابقًا، ثق بغرائزك! كما أشرنا سابقًا، قد يكون اتباع حدسك هو أعظم سلاح لديك ضد كشف الكذب. أثبتت العديد من الدراسات أن مؤشرات العقل الباطن الداخلية أكثر فعالية من الاستراتيجيات الواعية في كشف الخداع. يمتلك البشر بيانات بديهية وغير واعية تساعد في التعرف على الخداع إذا انتبهنا إليه.

على الرغم من أن الغرائز يمكن الاعتماد عليها بدرجة كبيرة، إلا أن الناس غالبًا ما يفتقرون إلى المهارة أو القدرة على استخدامها بدقة ويظلون عرضة للتفكير الخادع. ومع ذلك، لسوء الحظ، قد يتداخل الفكر الواعي أو رد الفعل الواعي مع الارتباطات التلقائية ـ فبدلاً من الوثوق بحدسك، تبدأ أفكارك الواعية في تحليل الأنماط أو الأفعال النمطية وتدفع نفسك في النهاية إلى عدم الثقة بها تمامًا. إن معرفة نفسك جيدًا بما فيه الكفاية يسمح لك بالتعرف على الاستجابات الغريزية مع عدم المبالغة في التركيز على السلوكيات التي تؤدي إلى الشك الذاتي وتجعلك تتساءل عما إذا كان يمكن أن ينجح في بعض الأحيان!

وأخيرًا، لاحظ تغير مستوى ثقتهم. سيُظهر لك الانتباه أن أسلوب المخادع المحتمل يتغير عند مواجهته؛ يشعر معظم الكذابين بالأمان داخل منطقة الكذب المحدودة الخاصة بهم، حيث يشعرون بالسيطرة؛ ومع ذلك، إذا كان هناك أي شيء يتحدى أي شيء يقولونه، فقد يتسبب ذلك في فقدان السيطرة وبالتالي انخفاض مستويات الثقة بشكل كبير.

عندما يبدأون في الشعور بالضغط، قد تلاحظ أنهم يغيرون سردهم أو يقدمون إجابات غير متسقة حول أحداث معينة، ويصبحون أكثر انتظامًا في إجاباتهم ويغيرون الطريقة التي يصفونها بها. من خلال مراقبة التغيرات السلوكية مثل هذه، يمكنك اكتشاف الثغرات في قصتهم وتحديد نواياهم الحقيقية.

ضع في اعتبارك أنه قد يكون من الصعب تحديد ما إذا كان الشخص الذي أمامك يقول الحقيقة أو يختلق القصص؛ ربما يكونون ماهرين في إخفاء المعلومات، أو أن ثقتك قد تجعل من الصعب عليك اكتشاف أي شيء خاطئ. لكن العلامات والمؤشرات الموضحة أعلاه قد تكشف أن شخصًا ما يخفي شيئًا عنك.

في المرة القادمة التي تحتاج فيها إلى تقييم صدق شخص ما، انتبه جيدًا لأي أدلة خفية مرتبطة بالأكاذيب. إذا لزم الأمر، قم بزيادة الضغط من خلال جعل رواية قصتهم أمرًا مرهقًا بشكل عقلاني. من خلال الحفاظ على هذه الممارسات في مكانها الصحيح والحفاظ على هذه النصائح في الاعتبار، ستتمكن بسرعة من تقليل أولئك الذين يتعاملون معك بشكل غير صادق في حياتك.

كيف يمكنك معرفة ما إذا كان شخص ما يكذب عن طريق الإغفال؟ كيف يمكنك تحديد ما إذا كان شخص ما يكذب عن طريق الإغفال؟ إذا لم يكذب شخص ما بشكل صريح ولكنه بدلاً من ذلك يقدم جزءًا فقط من الحقيقة، فهل يعتبر هذا كذبًا أم مجرد تواصل؟ الكذب عن طريق الإغفال هو تكتيك ذكي يستخدم لتجنب إخبار كل ما حدث؛ ولأغراض التسجيل ينبغي اعتبارها كاذبة لأنها تمنع متلقيها من الحصول على فهم دقيق. على سبيل المثال، قد يخبرك الطفل أنه وضع الآيس كريم في الثلاجة ثم يخرج لاحقًا ويأكله كله بنفسه؛ وللعلم، ينبغي تصنيف ذلك على أنه كذب، لأنه يمنع متلقي المعلومات من رؤية جميع الجوانب. على سبيل المثال، قد يقول الطفل إنه وضع الآيس كريم في الثلاجة ولكنه يفشل بعد ذلك في ذكر أنه أخرجه لاحقًا من المكان الذي خرج فيه لاحقًا، بدلاً من إخباره بشكل كامل بجميع الحقائق مثل إخراجه لاحقًا وتناوله لاحقًا عندما سألتك ممكن ذلك. ومع ذلك، فإن إجابتهم لم تقدم لك تفاصيل كافية إذا كان سؤالك "أين ذهب الآيس كريم؟"؛ بغض النظر عن مدى دقة قصتهم.

تكمن المشكلة في الكذب المصحوب بالإغفال في أن معظم الأفراد الذين يستخدمونه لا يعتبرونه كذبًا، وبالتالي لا يكونون مترددين أو يظهرون علامات نموذجية لشخص يكذب. لكي نفهم تمامًا سبب كذب شخص ما، نحتاج إلى معرفة دوافعه؛ قد يحجب الأشخاص معلومات مهمة بسبب الخجل أو الذنب أو الخوف، ولكن نظرًا لأنهم يترددون في قول أكاذيب كاملة، فقد يكون من الأسهل على المحققين الوصول إلى الحقيقة إذا ترك شخص ما تفاصيل مهمة في المحادثات.

ابحث عن العلامات التي تشير إلى أن شخصًا ما يبدو غير مرتاح عند مناقشة موضوع مهم. هل تبدو غامضة، أو تأخذ الكثير من فترات الراحة، أو تتجنب التواصل البصري؟ اطرح أسئلة محددة للتوضيح لإجبار الأشخاص على اتخاذ قرارات واعية بشأن ما إذا كانوا سيشاركون تفاصيل محددة أم لا، ولم تعد قادرًا على الاختباء وراء عبارة "أنا لا أكذب"، مما يسمح لك بمعرفة الحقيقة بأكملها بسهولة أكبر مما يحدث عندما يكذب شخص ما بحرية. بدون تردد. حتى لو كذب شخص ما، فمن المرجح أن يكون اكتشاف علاماته أسهل مقارنة بشخص يكذب بشكل متكرر دون تردد.

الفصل 22: إتقان فن التقطيع الرقيق بدقة

هل سبق لك أن قابلت شخصًا جعلك تشعر بعدم الارتياح على الفور، ولكنك لم تتمكن من تحديد السبب الذي جعله يبدو غير مريح بالنسبة لك؟ هل بدا هناك خطأ ما في طريقة نظرهم إليك ولكن لم يتمكنوا من تحديد ما هو بالضبط؟ هل جعلتك غير مرتاح ولكنك لا تستطيع تحديد سبب ظهورها بهذه الطريقة؟ إذا كان هذا يبدو مألوفًا بالنسبة لك، فقد يقدم الفصل 22 الحل: الحصول على الدقة عند التقطيع الرقيق

"هناك شيء لا يبدو على ما يرام." ستجد نفسك تحاول عبثًا أن تشرح لزوجتك سبب عدم اختيار طبيب الأسنان المحدد لإجراء عمليات طب الأسنان أو سبب رفضك لعرض عمل مثير للإعجاب.

كل يوم نتواصل مع أشخاص مختلفين؛ بعضها بالكاد نعرفه والبعض الآخر يترك انطباعات دائمة. قد تتذكر شخصًا التقيته لفترة وجيزة في الحديقة باعتباره ودودًا أو لطيفًا بينما قد يبدو غريبًا آخر فظًا أو غريبًا.

هل كل أحكامنا الأولية غير مبررة ونابعة من تحيزاتنا؟ ربما لا! ربما تكون الانطباعات الأولى مهمة لأنها تكشف شيئًا عن شخص ما لا تستطيع عقولنا الواعية استيعابه بعد. تُعرف هذه القدرة على وضع افتراضات سريعة ودقيقة حول الأشخاص بسرعة بالتشريح الدقيق.

الانطباعات أو الأحكام الأولى حول شخصية شخص ما لا تحدث عن طريق الصدفة وحدها ـ بل يتم إنشاؤها في الواقع بواسطة عقولنا الباطنة التي تعالج المعلومات بشكل أسرع بكثير مما ندرك! تسأل لماذا يستطيع البعض منا إصدار أحكام أفضل من الآخرين؟

ما يميز أولئك الذين يصدرون أحكامًا دقيقة عن أولئك الذين لا يفعلون ذلك هو ثقتهم في "حدسهم". إنهم يستمعون إلى ما تخبرهم به أمعائهم ويطورون هذه المهارات من خلال جهد واعي.

يمكن تعريف التقطيع الرقيق علميًا على أنه القدرة على إصدار أحكام مستنيرة بناءً على أجزاء صغيرة من المعلومات. لقد أثبتت تجارب متعددة أن استنتاجاتنا حول شخص ما متسقة بغض النظر عن المدة التي نتحدث فيها معه ـ من خمس ثوانٍ أو خمس دقائق![18] ويلاحظ عقلنا الباطن سمات أكثر دقة عنه مثل رمش الجفون، أو الوضعيات المتصلبة، أو الابتسامات أو الإيماءات التي تميل إلى تنزلق من أمامنا دون أن تلاحظ عقولنا الواعية.

ألا يمكن أن يكون ذلك مذهلاً؟ إن وضع افتراضات دقيقة حول شخص ما بناءً على مجرد عبارة أو سمة دقيقة يمكن أن يكون دقيقًا للغاية.

فلماذا لم نكن ماهرين في قراءة الأشخاص حتى الآن؟ ويرجع ذلك في الغالب إلى عدم القدرة على التعبير عن هذه الأحكام. عدم وجود تفاصيل كافية في متناول أيدينا يعني أن فك التشفير غير اللفظي هذا يحدث دون أن ندرك ذلك، وبالتالي إعطاء الانطباعات الأولى أهمية كبيرة على الرغم من أنها لا تعكس الواقع ولكنها بدلاً من ذلك تعمل كإشارات من عقولنا الباطنة بأنها قد تحمل إجابات لنا.

كبشر، نحن مبرمجون على الثقة بأنفسنا فقط ضمن الحدود. التحيز السلبي يمنعنا من الثقة بأنفسنا بقوة. ربما "تفكر في نفسك: كل هذا يبدو رائعًا؛ ولكن لو كنت أثق بحدسي بشكل كامل لما اشتريت هذا الكتاب

أنا أفهم معضلتك. الثقة في حدسي قادتني في كثير من الأحيان إلى طريق خسائر القمار! وعلى الرغم من أنني لا أؤيد السماح لعقلك الباطن بتوجيه أحكامك، فإن أدمغتنا أكثر ذكاءً بكثير مما ننسب إليه الفضل! هل تعلم أن أدمغتنا يمكنها معالجة 11 مليون بت من المعلومات كل ثانية؟ ومع ذلك، يبدو أن عقولنا الواعية قادرة فقط على معالجة 40-50 بت. [19] وهذه فجوة هائلة بين ما يستطيع دماغنا التعامل معه فعليًا وما نتصور أنه يستطيع التعامل معه؛ في حين أننا ربما نقوم بمعالجة 50 بت فقط، فإن عقلنا الباطن قد لاحظ بالفعل واستنتج وشكل آراء أكثر دقة بكثير من أي شيء يمكن أن يقدمه لنا وعينا الواعي.

بالمقارنة، قام عقلنا الباطن بعمل رائع في معالجة المعلومات؛ لسوء الحظ، نحن لا ندرك جهودها بما فيه الكفاية. تخيل لو وثقنا بعقلنا الباطن أكثر في إصدار الأحكام؛ قد لا تكون هناك حاجة إلى مهارة أخرى للوصول إلى أدمغة الناس!

إن اكتشاف فن التقطيع الدقيق يتطلب منا التعرف على أفكارنا اللاواعية وتفسير حدسنا بشكل صحيح. لا تدفن تلك الأحكام الصغيرة التي قد تنفلت دون أن يلاحظها أحد. عند تصنيف شخص ما، اسأل نفسك عن السبب وفكر مليًا: هل كان السبب هو تغير وزنه من ساق إلى أخرى أم أنه عض شفته قبل التحدث علنًا؟

على الرغم من قوة العقل الباطن لدينا، فإنه يمكن أن يتصادم أيضًا مع التحيزات الواعية ويؤدي إلى بعض القرارات المؤسفة. لذلك، لا يعتمد الجميع فقط على حدسهم عند اتخاذ القرارات ـ فالقوة المحتملة تكمن فينا جميعًا، وهي تحتاج فقط إلى فتحها والاستفادة منها بشكل صحيح.

يتضمن التقطيع الدقيق معرفة المزيد عن شخص لديه الحد الأدنى من المعلومات. تكشف سلوكياتهم ولغة جسدهم وخط أيديهم وملابسهم الكثير عنهم إذا تمت ملاحظتها بعناية وإدراك العقل الباطن. وفقًا لكتاب مالكولم فإن التقطيع الرقيق يتضمن الاستفادة من "اللاوعي التكيفي" لدى الفرد. في حين "Blink، جلادويل الأكثر مبيعًا أن العقول الواعية تستخدم التقييمات المبنية على الأدلة عند استخلاص استنتاجاتها حول الأشخاص أو الأحداث بناءً على الملاحظة الواعية وحدها، يستخدم اللاوعي التكيفي التقييمات التي تحتوي على قطع صغيرة جدًا من الأدلة كمصادر لها في أحسن الأحوال.

وبينما نمارس حرفة تقطيع المعلومات إلى شرائح رفيعة ونتقنها، يعتمد نجاحنا على قدرتنا على الممارسة والتعلم مع كل تجربة نكتسبها. من خلال الاستفادة من عقلك الباطن وتصفية المعلومات بدلاً من التقييمات، يمكنك فهم الآخرين بشكل أفضل والتنبؤ بسلوكهم.

أجرى جون جوتمان، عالم النفس الأمريكي المرموق، دراسة بحثية متعمقة شملت أكثر من 3000 زوج لتطوير ما أصبح يعرف باسم "مختبر الحب". من خلال هذه الطريقة لجمع المعلومات وتصنيفها، خلص جوتمان إلى أنه يمكنك التنبؤ بمستقبل الزواج عن طريق تقطيع البيانات ذات الصلة إلى شرائح رقيقة ـ وليس فقط جمعها معًا ولكن فهم أهميتها أيضًا. لم تركز هذه النظرية على جمع الحقائق فحسب، بل على تحديد المعلومات الأكثر أهمية.

وهذا هو بالضبط ما يجب عليك فعله أيضًا. سيتلقى عقلك الباطن ملايين البتات من البيانات، لكن عقلك الواعي يجب أن يقرر الآن ما هي المعلومات المهمة أو غير ذات الصلة؛ وهنا تكمن قيمة المعرفة المقدمة في أجزاء أخرى من الكتاب؛ استخدم أدواته لتحديد الإجراءات والكلمات والمؤشرات التي تحتاج إلى تركيزك وتلك التي ليست ذات صلة بفهم الأشخاص بشكل أفضل.

تقترح نظرية جوتمان التركيز على تعبيرات الوجه العابرة والحوارات التي تبدو تافهة، دون لفت الانتباه كثيرًا إلى نفسها. على الرغم من أن ذلك لن يؤدي إلى نتائج فورية، إلا أن الممارسة مطلوبة في التعرف على الأنماط ـ فأنت بحاجة إلى تحديد الأشخاص الذين يكذبون، أو يحرسون عواطفهم جيدًا أو يختبئون وراء السلوكيات المنفتحة ـ لذا مع تقدم الوقت، سوف يتوافق عقلك الواعي واللاواعي بسلاسة ويسمح بالحسابات المحسوبة. تقييم ما يكمن في ذهن شخص ما. [23]

الفصل 23: القراءة بين السطور

في بعض الأحيان نجد أنفسنا جميعًا نحاول فهم ما يعنيه شخص ما عندما يستخدم عبارات مثل "لا أهتم" أو "لماذا تعتقد أن الأمر مهم" أو "أنا بخير"؛ يمكن أن تبدو هذه وكأنها قنابل موقوتة تتطلب منك اكتشاف نيتها الحقيقية بسرعة قبل أن يحدث أي ضرر دائم للعلاقات! تجد نفسك تتمنى لو أنك قمت بالتسجيل منذ سنوات في ورشة التخاطر تلك.

قد يكون التفسير صعبًا في كثير من الأحيان، خاصة عندما لا يستخدمون الكلمات لتوصيل أفكارهم بشكل مباشر. الكلمات ليست سوى جزء من الصورة ـ من أجل إنقاذ السفينة، يجب على المرء الوصول إلى قاع المحيط لتحديد مكان وجود الوحوش ـ هذا هو كل ما تعنيه القراءة بين السطور.

القراءة بين السطور فن يمكنه إنقاذ حتى أقرب العلاقات. فهو يتطلب الفهم الذي لا يترك مجالًا كبيرًا للتفسيرات ويسمح لك بخلق بيئة مثالية لحوارات هادفة ومثمرة. غالبًا ما يكمن المعنى وراء الكلمات وحدها ـ ولهذا السبب تلعب النقاط والفواصل وعلامات التعجب دورًا أساسيًا في إيصال معناها.

غالبًا ما يُساء فهم الإشارات التي يبذلها الأشخاص للكشف عن مشاعرهم الحقيقية على أنها إشارات بريئة؛ ولكن ينبغي دائمًا أن تؤخذ هذه العلامات على محمل الجد كمؤشرات على أن ما يقوله الناس له معنى ضمني؛ على سبيل المثال، قد تبدو كلمات مثل "أريد أن أكون معك دائمًا" بمثابة إعلان عن الحب ولكن عند دمجها مع علامات حمراء أخرى في علاقة غير مؤكدة قد تشير إلى سوء المعاملة أو التلاعب.

وكما يمكن للمرء أن يتوقع في بيئة يسكنها أكثر من 8 مليارات فرد بأفكارهم وشخصياتهم الفردية، فإن جملة واحدة قد لا تعني نفس الشيء عندما يتحدث بها أشخاص مختلفون في سياقات مختلفة. يجب أن تستمع جيدًا حتى تتمكن من فهم ما يحاول الشخص الآخر نقله. وبحسب غاري وونغ، المستثمر والمدرب العقاري المحترم، لدينا أذنان وفم واحد فقط، لذا يجب أن يكون الاستماع أولًا من التحدث[23]. كن منفتحًا تجاه ما يقوله الناس لك بينما تفهم بعمق نواياهم عندما يتحدثون لغتهم.

إحدى الإستراتيجيات الفعالة لمساعدتك على القراءة بين السطور هي الانتظار للحظة قبل التحدث علنًا. التسرع في الرد يمكن أن يعني تفويت الوقت الكافي لفهم ما قيل بالفعل؛ وإذا فعل نظيرك الشيء نفسه، فقد تضيع رسالته بسهولة وسط سوء الفهم وضعف التواصل.

عندما يستخدم شخص ما عبارات مثل "لا أعرف" أو "أنا غير متأكد"، فلا تتسرع في تقديم التوضيحات بمجرد أن يقول إنه لا يفهم شيئًا ما ـ وبدلاً من ذلك امنحه مساحة وقم بتقييم المؤشرات الأخرى للحصول على المزيد صورة أكمل لرسالتهم.

تتطلب القراءة بين السطور الاستماع عن كثب والنظر في السياق والشخصية والموقف عند قراءة القصة. غالبًا لا يقوم المؤلف بتوصيل ما تحاول شخصياته التعبير عنه بشكل مباشر، ولكنه يقدم بدلاً من ذلك مواقف وأدلة حول ما قد يحدث لهم ـ يمكن للقارئ التعرف بسهولة على هذا المؤشر الذي توفره الشخصية. إليكم مقتطف من القصة:

كانت راحتا يديها تتعرقان وهي تنظر إلى الساعة للمرة الخامسة خلال ساعة، وهي تعلم أنه سيصل حوالي الساعة الثامنة. ومع اقتراب كل ثانية أكثر فأكثر نحو الساعة الثامنة، شعرت بركبتيها تضعفان وقبضتيها تشتد تحسبًا لوصوله.

"عزيزتي،" سأل زوجها عبر الغرفة. أجابت ببساطة. "أنا بخير؛ فقط أشعر بالبرد،" كان هذا كل ما قيل دون التواصل البصري معه. عندما رن جرس بابها، جلست على أريكتها وصدرها يعانق ركبتيها بإحكام في انتظار لقاء محرج بين زوجها وصديقه.

هل أشارت الكاتبة إلى أن شخصيتهم كانت مقلقة، لكن هل استدلتم على ذلك من لغة جسدها والمقطع؟ هل يمكنك أن ترى عندما قالت: "ستكون ليلة طويلة وباردة" أنها لم تكن تتحدث فقط عن الطقس؟ من المحتمل أن يحدث ذلك بشكل طبيعي لأن المؤلف يلفت انتباهك مباشرة إلى كيفية استجابة الشخصية في كل فقرة من النص

ومع ذلك، عند التفاعل مع أشخاص حقيقيين، غالبًا ما يكون من الصعب تحديد ما يحدث بالضبط حتى لو كان هناك شيء ما يبدو غريبًا. ثق بغرائزك؛ حتى لو كان المصدر غير واضح للوهلة الأولى. قم بتدوين ملاحظة ذهنية لإعادة النظر في ما قيل ـ على سبيل المثال، إذا ذكر أحد إخوتك أو أصدقائك المقربين عرضًا أنه عاد إلى "المنزل عند الساعة السادسة، حيث "يشعر سام بالقلق إذا تأخرت.

مهما بدت المحادثة غير رسمية، إلا أن هناك شيئًا ما فيها يبدو غريبًا. ربما كانت هذه هي طريقتها في التحقق من الوقت باستمرار أو لهجتها المتسرعة؛ أو يمكن أن تكون مجرد كلمات تم اختيارها دون مراعاة السياق أو اللهجة.

تبدو عبارة "يجب أن أعود إلى المنزل" بمثابة إنذار نهائي أكثر من كونها تعبيرًا عن القلق، مما قد يشير إلى أنها في علاقة غير صحية مع شريكها؛ ربما لا يدرك أي منهما الإساءة العاطفية التي يتعرضان لها تحت اسم الحب والرعاية. إن القدرة على اكتشاف ما حاول الشخص الآخر توصيله يسمح لنا برؤية ما هو أبعد مما تم توصيله مباشرة.

ركز على ما لم يُقل ـ فترات الصمت والتوقفات ـ للحصول على مزيد من الفهم. الصمت قد يقول مجلدات. على سبيل المثال، إذا صمت طفلك فجأة عند سؤاله عن يومه في المدرسة؛ وبالمثل، إذا كانت الكلمات التي قرروا عدم التحدث بها قد تشير إلى مشاكل تستحق الاهتمام بها أثناء جوانب الاتصال الأخرى. يمكنك تطبيق هذه الإستراتيجية نفسها عند التعامل مع أي شخص ترغب في الحصول على رؤية أعمق.

ما هي الأسئلة أو المواضيع التي يتجنبون مناقشتها؛ عندما يتوقفون لفترة طويلة بين الحديث؛ هل تتغير لهجتهم عند مناقشة أشخاص أو أحداث معينة؟ تساعدك هذه الملاحظات على فهمهما بشكل أفضل كأفراد وكذلك فهم الكلمات المنطوقة بعمق أكبر.

تمامًا كما هو الحال عند التحدث مع الأطفال عن المدرسة، أو عند التواصل مع الأشخاص الذين لا يشاركون المعلومات بسهولة أو أولئك الذين يفضلون استخدام مفردات غامضة. يجب أن يتم تنظيم أسئلتك وإجاباتك بعناية لتحقيق أقصى قدر من التأثير والكفاءة.

تأكد من القيام بكل هذا في السياق؛ كن دائمًا على دراية بالموقف والإعداد والظروف عند مراقبة شخص ما. كن حذرًا إذا بدا شخص ما بعيدًا بسبب تشتيت الانتباه عن البيئة. أو قد يلتزمون الصمت أثناء المحادثات حول أحداث معينة ـ ليس لأنهم يريدون إخفاء أي شيء ولكن بدلاً من ذلك بسبب عدم الاهتمام أو تشتيت الانتباه عما يتم مناقشته.

فكما أن فهم شخص آخر يتطلب الوقت والاتساق والفهم، كذلك يتطلب فهم ما يقوله شخص ما بين السطور. إن تشريح كل كلمة وصمت لحظة بلحظة لن يؤدي إلا إلى زيادة إرباك الأمور؛ كل ما عليك فعله هو أن تكون حاضرًا ومتنبهًا عند الاستماع وأن تراجع ذهنيًا كل ما تسمعه قبل التوصل إلى استنتاجاتك حول تفسيراته المحتملة.

الفصل 24: تحليل أنماط الكلام

المحفزون والمؤثرون الذين ينجحون TedTalk. فقط الأفكار الرائعة المقدمة في TedTalk لا يشهد جمهور ليسوا بالضرورة أصحاب أفكار عظيمة؛ إنهم أولئك الذين يفهمون كيفية تقديمها بفعالية ـ من خلال التدريب على النغمة وطبقة الصوت، أو البنية الفئوية للخطابات أو حتى استخدام التغطية الإعلامية لتحقيق أقصى قدر من التأثير. يتضمن التحدث أمام الجمهور إتقان كيفية قول الأشياء بدلاً من التفكير فقط في ما يجب قوله. يتعلم المتحدثون فن الإقناع لكسب جمهورهم.

غالبًا ما يستخدم المتحدثون العامون أنماط الكلام لتنظيم محتواهم لتحقيق أقصى قدر من التأثير. يعتمد اختيار هذه الأنماط على المواضيع والجمهور والغرض الرئيسي من خطابهم ـ وبعبارة أخرى، يجب أن تخدم المحادثات غرضها الحقيقي إذا كان هذا هو هدفها! عند التحدث مع شخص جديد، تأكد من أن هدفك واضح حتى تتمكن من الاستمرار في التركيز عند مراقبة الردود منه ـ لا ينبغي أن يتضمن الأشخاص الذين يقرءون جمع تفاصيل غير ذات صلة عن الآخرين.

اسرع

فحصت دراسة أجراها معهد البحوث الاجتماعية بجامعة ميشيغان 1400 محاولة من قبل متصلين يحاولون إقناع الأشخاص بالمشاركة في استطلاع، وذلك باستخدام مكالمة هاتفية واحدة لكل متصل لكل محاولة إقناع. [24] أشارت النتائج إلى أن أولئك الذين يتحدثون بسرعة كبيرة دون توقف لم ينجحوا في إقناع الآخرين؛ قام الباحثون بفحص طلاقة المتصلين ومعدلات كلامهم ونبرة صوتهم عند محاولة إقناع الآخرين؛ وكان من بين المقنعين الناجحين أشخاص يتحدثون بمعدل 3.5 كلمة في الثانية تقريبًا ـ وهي سرعة متوسطة إلى حد ما عند [إقناع الآخرين]؛ 26]

خذ الوقفات الصحيحة

للحصول على أقصى قدر من التأثير عند محاولة التأثير على شخص ما، تعتبر أربع أو خمس فترات توقف في الدقيقة مثالية عند محاولة التأثير على شخص ما. تسمح فترات التوقف هذه للشخص الآخر بدراسة رسالتك قبل الرد عليها وإظهار احترامك لأفكاره ومعتقداته دون الخوف من السماح لآرائه بشأن النتائج التي توصلت إليها بالتطور بمرور الوقت ـ وبالتالي زيادة الثقة بينك وبينه.

يعد اللحن (الضغط ونغمة الكلام والإيقاع) عنصرًا أساسيًا في إلقاء الكلام الفعال، ولكن الكثير من اللحن قد يأتي بنتائج عكسية ويؤدي إلى نتائج عكسية سيئة. يمكن فهم ما نقوله بشكل مختلف اعتمادًا على طريقة توصيله ـ لذا فإن استخدام النغمة والإيقاع بشكل مناسب يضمن أن ما تقوله يصل تمامًا كما هو مقصود؛ الكثير قد يترك جمهورًا غير موثوق به في أيديهم؛ حاول ألا تبدو متحركًا عند صياغة الجمل.

استخدم أنماط الكلام لتحقيق النجاح

هناك أنماط مختلفة من الكلام يمكن للمرء توظيفها اعتمادًا على أهدافه عند التحدث علنًا، مع وجود خيارات مختلفة تؤثر على مدى نجاح إيصال رسالته. فيما يلي بعض أنماط خطاب المتحدثين العامة الشائعة عند إنشاء الخطب.

النهج الموضوعي أو المنطقي: عند نقل أفكار متعددة مترابطة، فإن تنظيم المعلومات بشكل منطقي بحيث تتدفق من موضوع إلى آخر دون أن تبدو وكأنك تتنقل بين المواضيع دون تقديم حجج مقنعة هو في الغالب النهج الأفضل.

التسلسل الزمني: يعمل تنظيم المعلومات الزمني بشكل أفضل عندما تحتاج البيانات إلى اتباع تقدم منظم، مثل رواية قصة. إذا كنت تريد التحدث عن نتيجة مشروع ما، على سبيل المثال، فإن تنظيم الأحداث بترتيب زمني لمزيد من الوضوح سيوفر فائدة أكبر.

السبب والنتيجة: كما يوحي اسمها، سيتم تقديم هذه المعلومات باستخدام علاقات السبب والنتيجة. على سبيل المثال، عند مناقشة المشكلات في العمل، البدء بشرح سببها، ثم وصف مدى تأثيرها على الإنتاجية يمكن أن يكون بمثابة التأثير.

المشكلة والحل: على غرار السبب والنتيجة، يتم استخدام المشكلة والحل كوسيلة فعالة لإقناع الآخرين باتخاذ الإجراءات اللازمة لحل قضايا محددة. إنها طريقة فعالة لإقناع المستمعين بأفضل السبل للتعامل مع أي تحدي أو عقبة معينة.

يمكن أن تساعد أنماط الكلام في توصيل الأفكار والأفكار بوضوح. يستمتع الناس بسماع الأنماط المألوفة التي يتعرفون عليها ويميلون إلى قبولها بسهولة أكبر؛ غالبًا ما تؤدي المعلومات المشوشة إلى انعدام الثقة بين الأطراف المعنية، لذا فإن استثمار الوقت في كيفية توصيل رسالتك سيزيد من المصداقية والتأثير على الأشخاص.

يعد استخدام نمط الكلام الفعال أمرًا أساسيًا في توفير المعلومات بطريقة سهلة الهضم وزيادة تأثيرك على شخص ما. سوف ينظر إليك هدفك كفرد موثوق ومنطقي يمكنه الوثوق به أكثر والانفتاح بحرية أكبر على أفكاره ومشاعره.

الفصل 25: اجلب معك دائمًا الطاقة الإيجابية

غالبًا ما نقوم بتكوين روابط قوية مع شخص ما بناءً فقط على ما نشعر به. "لا أعرف لماذا أخبرتك بكل هذا؛ عادةً ما أكون أقل انفتاحًا.

ما هو "الشعور بالحيوية" بالضبط، وكيف يمكن أن يساعدني في التواصل مع شخص ما؟ ببساطة، الحيوية هي ببساطة طاقة جيدة يمكن أن يكون لها تأثير إيجابي. لا حاجة لإعطاء التأكيدات أو الإيماءات بشكل لا يمكن السيطرة عليه؛ كل ما يتطلبه الأمر للاتصال هو الشعور الجيد أينما ذهبت.

ما عليك سوى أن تسأل أي متحدث تحفيزي أو خبير في التنمية الشخصية، وسوف يوصون بإحاطة نفسك بتأكيدات إيجابية حول أهدافك. على الرغم من أن الأمر قد يبدو زائدًا عن الحاجة في البداية، إلا أن الطاقة الإيجابية سرعان ما تتسرب وتؤثر علينا جميعًا بطريقة أو بأخرى!

هذا هو بالضبط تأثير الطاقة الإيجابية أو الأجواء الإيجابية على الآخرين. إن معرفة أن شخصًا ما يقبل أفكاره دون انتقاد يسمح له بالانفتاح عليك دون سؤال، مما يتيح لك الوصول إلى ذهنه دون إثارة أي أسئلة! كل هذا يصبح ممكنًا عندما يجلب الأشخاص من حولهم طاقة إيجابية معهم ـ لا يمكن تزييف الطاقة الجيدة، بل يمكن اكتشافها فقط. تنتشر المواقف الإيجابية بسرعة ـ الجميع يحب التحدث إلى الأشخاص الذين يرون الجانب المشرق دائمًا! ومع هذه النصائح والاستراتيجيات لبناء هذه الأجواء الإيجابية من حولك:

استمر في النظر إلى الجانب المشرق

وكما يقولون، فإن استجاباتك لما يحدث لك هي التي تحدد نتائجها. بدلًا من التأسف على كون شخص ما مملًا بالنسبة لك، اغتنم هذه الفرصة لاستكشاف الطرق التي قد يفكرون بها بشكل مختلف عنك وإنشاء تفاعلات هادفة. التركيز السلبي لن يؤدي إلا إلى إخراج المزيد من السلبية منك والتي سيتعرف عليها الآخرون على الفور.

إذا لم تشعر بذلك، فلا تزيفه

قد يبدو القول بأنك تحب الكلاب أمرًا أجوفًا؛ كن منفتحًا بما يكفي لقبول وجهات نظر مختلفة دون فرض الاتفاق على الآخرين؛ عندما يدرك الناس أنك تقبل حقهم في وجهة نظر معارضة بدلاً من التظاهر بأنك تحب أو توافق، فإن ردك سيكون أكثر إيجابية وترحيباً بهذه الاختلافات.

ممارسة الامتنان

هل تتساءل كيف يمكن للامتنان أن يحسن العلاقات؟ من خلال بداية ونهاية كل يوم، كن شاكرًا لكل ما تقدمه لنا الحياة، وتكريم أولئك الذين تقابلهم يوميًا مثل قادة الفريق أو الأشقاء من خلال تذكر التعبير عن التقدير لهم في كل مرة تتفاعل فيها. إن ممارستك اليومية للامتنان يمكن أن تجلب معها طاقة إيجابية عند الانخراط في التفاعلات معهم!

كشف السلبية

لسوء الحظ، يمكن أن نواجه جميعًا في بعض الأحيان تراكمًا للأفكار السلبية دون أن ندرك ذلك. وهذا هو الحال بشكل خاص عندما نربط بعض الأشخاص بذكريات سلبية؛ على سبيل المثال، إذا أدلى شخص ما بتعليق مسيء في المرة الأخيرة التي تفاعلت فيها معه، فقد يثير ذلك ذكريات غير سارة تبقى لفترة طويلة بعد توقف التفاعل. حاول استبدال الذكريات السلبية بأخرى أكثر تفاؤلاً من أجل خلق بيئة متفائلة.

يوفر لنا التأمل فرصة لا تقدر بثمن للاسترخاء والراحة والشعور بالثبات. يمنحك التأمل طريقة رائعة للتخلص من أي طاقة سلبية من حولك وتقييم نوع التأثير الذي تحدثه أفعالك على الأشخاص الموجودين في مجال

تأثيرك. علاوة على ذلك، فإن ممارسة الممارسات التأملية مثل اليقظة الذهنية أو الروحانية يمكن أن تعمق الروابط مع الذات الداخلية وتعزز السلام الأعمق.

الطبيعة لديها قوى الشفاء

التواجد في الهواء الطلق له خصائص علاجية هائلة! عندما تكون محاطًا بأمواج المحيط، فإن مناظر قمة الجبل أو أصوات ضفة النهر يمكن أن تفعل المعجزات لمساعدتنا على الاسترخاء والشفاء من الداخل. لقد أثبت قضاء الوقت في الخارج فعاليته في جعل الناس أقل مرارة وأكثر إيجابية ـ فأخذ قسط من الراحة التي نحتاجها بشدة أثناء التفكير والهدوء مع أنفسنا ومع بعضنا البعض أمر ضروري للتأكد من أننا نبقى أشخاصًا سعداء

يمكن للطاقة الإيجابية في اتصالاتك أن يكون لها تأثير مضاعف على الآخرين وتشجعهم على الانفتاح بحرية أكبر وأن يكونوا صادقين في اتصالاتهم معك. الخوف من الأحكام أو خيبات الأمل أو الغضب يمكن أن يجعل الناس منغلقين أو يكذبون لتجنب الظهور بمظهر غير ودود؛ إن توفير جو مريح وطاقة جيدة يساعد الأشخاص على الاسترخاء حتى يتمكنوا من إعادة تقييم كيفية إدراكهم لك وكذلك مقدار ما يكشفونه عن أنفسهم من خلال المحادثة.

الفصل 26: انتقال الناس في القراءة في العصر الرقمي

كيف يمكن للمرء قراءة أفكار شخص ما عند التواصل عبر رسائل البريد الإلكتروني أو المحادثات الهاتفية المعدة بعناية؟ أو اكتشاف عندما يكذب شخص ما أثناء التحدث على الهاتف؟ وبالمثل، كيف يمكنك تفسير التواصل بين السطور الذي يعتمد بشكل كبير على "رموز تعبيرية" محددة؟ WhatsApp مثل يقدم لنا التواصل الرقمي العديد من الفوائد؛ يمكننا الوصول إلى الناس في جميع أنحاء العالم دون مغادرة أرائكنا، وفي الوقت نفسه يمكن أن تحد القيود من مدى فعالية تواصلنا. ومع ذلك، مع التقدم في مجال التنمية في مرحلة ما بعد كوفيد، تعلمنا كيفية الاتصال بشكل أكثر كفاءة. تم العثور على الطلاب أكثر انتباهاً في الفصول الدراسية عبر الإنترنت مقارنة بالفصول الدراسية لأنهم لم يتمكنوا من متابعة نظرة معلمهم ـ دون معرفة من كان يشاهده على شاشة الكمبيوتر الخاصة بهم! ومع ذلك، لا يزال أمام التكنولوجيا طريق طويل قبل أن تتمكن من مجاراة الدفء البشري والحميمية في الاتصال البشري الفردي.

قد يكون الكشف عن شخص ما أمرًا صعبًا عندما لا تحظى باهتمامه الكامل؛ النوم أو الأكل أو في حشد من الناس. في معظم الحالات، لن تكون على علم بما إذا كان مكبر الصوت قيد التشغيل أثناء مكالمات الفيديو أو قراءة النصوص الكاملة قبل الرد ـ مما يجعل فهم الأشخاص عبر هذه المنصات الرقمية أمرًا صعبًا؛ ومع ذلك، هناك تقنيات يمكنك استخدامها لتفسير ما يحاول شخص ما إيصاله بدقة.

ربما ذكرت ذلك عدة مرات بالفعل، لكن إطلاق الانتقادات والصراع في الفضاء الإلكتروني قد يكون أسهل من التواصل المباشر مع شخص ما. على الرغم من أن خلافاتك قد لا تبدو حادة عند حدوثها عبر الرسائل النصية، إلا أنها لا تزال تحد من قدرتنا على الاستماع أو القراءة أو فهم بعضنا البعض.

ابحث عن المؤشرات
بغض النظر عن مكان تواجد الشخص، يمكن أن تصبح لهجته واختياره للكلمات وبيئته مؤشرات لكيفية عمل عقله. على سبيل المثال، ما هي المدة التي يستغرقها الشخص للرد على رسائل البريد الإلكتروني؟ أو الرد بسرعة عبر النص؟ أم أن أصواتهم تحمل أي إحساس بالإلحاح؟ إن إيلاء القليل من الاهتمام يمكن أن يمنحنا معلومات لا تقدر بثمن عنها.

الحفاظ على نهج معايرة
قد يكون من الصعب قراءة الأشخاص وجهًا لوجه، بل وأكثر من ذلك على الشاشة، مما يجعل سوء قراءة لهجتهم أو اختيارهم للكلمات أو توقفاتهم أكثر صعوبة. وقد نسيء تفسير نصها عندما تتوفر لنا مؤشرات محدودة. يتيح لنا التواصل وجهًا لوجه إنشاء صورة دقيقة للفرد استنادًا إلى جوانب عديدة، مثل تعبيرات الوجه ولغة الجسد و"الجو العام" الخاص به. أثناء تواصلك عبر الهاتف أو عبر الرسائل النصية مع الآخرين، تأكد من عدم القفز إلى استنتاجات نهائية ببيانات محدودة. انتبه لما يقال واطرح الأسئلة عند الضرورة من أجل الوضوح. إذا ظهرت افتراضات أثناء المحادثة، تساءل عما إذا كانت هناك بيانات كافية متاحة لإجراء ملاحظات دقيقة.

كيف يمكنني اكتشاف الكذاب عبر الهاتف أو الرسائل النصية القصيرة؟
يتطلب اكتشاف الكذب مهارات مراقبة شديدة؛ ولكن مع غياب العديد من الدلائل المعتادة في الرسائل النصية القصيرة أو محادثة البريد الإلكتروني، توفر أجهزة كشف الكذب بيانات كافية تسمح بالكشف الدقيق عبر هذه المنصات الرقمية. فيما يلي بعض المؤشرات التي تدل على كذب شخص ما عليك كتابيًا:

قد يبدو الشخص الذي يكذب غير منظم ويصعب تحديده بقصة واحدة، ويغير الموضوع باستمرار في محاولة لإخفاء الحقيقة أو إخفائها. قد يحاولون المبالغة في تعقيد الأمور أو اختلاق ادعاءات كاذبة لا أساس لها من

الصحة؛ إحدى طرق اكتشاف هذه الرسائل عبر الرسائل النصية هي البحث عن فقرات طويلة من النص لا توفر وضوحًا حول موضوع ما في السياق؛ إذا كانت هذه هي الحقيقة فلن تحتاج إلى قراءتها مرة أخرى لمعرفة ما حدث بالفعل.

إنهم يبالغون في التركيز على المعلومات غير الضرورية أو يتجنبون الإجابة على استفسارات محددة إذا سألك شخص ما سؤالاً يتطلب إجابة مباشرة، فيمكنك دائمًا تجنب الإجابة بالرفض. لنفترض على سبيل المثال أنك سألت شريكك عن مكان وجوده ولكنك لم تتلق أي رد؛ بعد أربع ساعات يرسلون إليك رسالة ليوضحوا أن بطاريتهم قد نفدت ولكنهم لا يزالون يخبرونك بمكان وجودهم في تلك اللحظة ـ وهذا يشكل كذبًا عن طريق الإغفال لأنهم يقولون الحقيقة في ذلك الوقت ولكنهم اختاروا عدم الإجابة عند إجراء الاستفسار لأول مرة؛ بالإضافة إلى ذلك، قد يحاولون تقديم إجابات معقدة للغاية لمحاولة تجنب الإجابة مباشرة وإخراج المحادثة تمامًا عن مسارها.

لا أحد يستجيب
لقد ولت الأيام التي كان فيها إرسال الرسالة بمثابة رمي الحجارة في المحيط دون معرفة متى أو ما إذا كانت ستصل إلى متلقيها؛ الآن نعرف بالضبط متى وصلت رسالتنا، ومتى تمت مشاهدتها، وما إذا كانت "متصلة بالإنترنت" أم لا. تعرض معظم تطبيقات المراسلة علامة القطع (...) عندما يقوم شخص ما بكتابة رده حتى نعرف أننا نتوقع ردًا في أي ثانية!

الكثير من المعلومات يميل الناس إلى تقديم تفسيرات. أكلت شطيرة زميلك في العمل؟ من المحتمل أنك ستقدم تفسيرًا، ربما لمدة خمس عشرة دقيقة، لسبب حدوث ذلك. وبالمثل، عند قول الأكاذيب، فإننا نميل إلى استخدام المبالغة في ردودنا من أجل إخفاء ما نريد أن يعتقده الناس أنه يحدث؛ يقوم بعض الأفراد بانتظام بإنشاء نصوص طويلة، ولكن إذا أصبحت الردود طويلة بشكل غير معتاد، فقد يكون هذا دليلاً على أنهم يقدمون تفسيرات حول معلومات قرروا عدم الكشف عنها.

تخيل أنك متورط في جدال نصي حيث يشرح الطرفان كل منهما على حدة، ويبنيان ردودًا مطولة حتى تطرح سؤالاً وتتحول المحادثة فجأة بعيدًا عن الإجابة إلى موضوع آخر. في مثل هذه الحالة، قد تشير محاولتهم للانشغال إلى نيتهم قطع سلسلة المحادثة هذه والانتقال إلى شيء آخر تمامًا.
"هل ذهبت إلى منزلها بعد أن طلبت منك عدم القيام بذلك؟"
بدت متفاجئة. إنه لأمر مدهش مدى قلة الثقة بيننا! لسوء الحظ ليس لدي وقت لهذا الآن حيث أن هناك غسيلًا يجب القيام به؛ اكلمك لاحقا مع السلامه".

الفصل 27: خطة العمل الخاصة بك للمضي قدمًا

هنا لديك كل شيء ـ جميع الأدوات اللازمة لفهم الناس. من خلال دليلك الإرشادي الخاص بالأشخاص بين يديك، سيمكنك من اكتساب معرفة متعمقة حول سبب تحدث الأشخاص بهذه الطريقة، والتصرف بطرق معينة، وقول ما يقولونه ـ بدءًا من خصائص الشخصية وأسلوب التواصل وحتى الأشخاص المؤثرين الذين يشكلونهم؛ إكل هذه المعرفة في متناول يدك ولكن فهم شخص ما قد يتطلب الوقت والجهد والقليل من التخمين العقل عبارة عن بنية معقدة، ولفك شفرته يجب على المرء أن يستمر في فهم تعقيده. حتى بعد معرفة شخص ما لسنوات، قد تؤدي النزاعات أو الخلافات البسيطة إلى زيادة صعوبة الاستماع بموضوعية إلى ما يقوله. لذلك أؤكد في كثير من الأحيان على أهمية الممارسة والملاحظة عندما يتعلق الأمر بفهم الناس. يجب عليك ممارسة السيطرة على أفكارك الخاصة مع إظهار قدرة كبيرة على التكيف عند قراءة معتقدات الآخرين وأساليب التواصل من أجل تفسير كلماتهم بشكل صحيح. فيما يلي ملخص وتذكير بكل ما يجب عليك إحضاره في كل مرة تنوي فيها فهم شخص ما وفك تعقيدات لغته غير المنطوقة.

كن مستعدًا عقليًا لقراءة الناس

في كل مرة تشارك فيها في محادثة مع شخص آخر، قم بجرد نفسك. اسأل نفسك بعض الأسئلة الأساسية مثل:
>> هل قمت بالفعل بتكوين أي آراء حولهم؟ أو * هل هناك أي تحيزات وأحكام مسبقة يجب أن أحذر منها؟
* هل أنا قادر عقلياً وعاطفياً على محاولة فهم شخص ما؟ * ما هي الجوانب التي يجب مراعاتها عند محاولة قراءة شخص ما؟
* ما هي العوامل الخارجية التي يمكن أن تؤثر على حكمي؟ إن الاستفسار بهذه الطريقة سيمكنك من الاقتراب من الآخرين دون تحيز أو حكم. من أجل مراقبة الأشخاص عن كثب، كن منتبهًا ـ حرر عقلك من المهام والأفكار الأخرى حتى تركز على مراقبة الأشخاص الذين تهمك دون اعتبار هم أمرًا مسلمًا به ـ راقب لغة جسدهم وتعبيرات وجوههم وكلماتهم عن كثب أثناء الاستماع بانتباه ودون تحيز.

قضاء بعض الوقت في دراسة الناس إن إتقان أي فن يتطلب وقتًا وتفانيًا. تتطلب قراءة الأشخاص دراسة مستمرة من أجل إجراء تقييمات دقيقة للأشخاص من خلفيات متنوعة. ومن أجل القيام بذلك بشكل صحيح، يحتاج المرء إلى مراقبة العديد من الأفراد من شخصيات متنوعة في المجتمع من أجل تكوين أحكام دقيقة عنهم. ينبغي التعامل مع قراءة الناس بشكل شمولي. على الرغم من أنه سيكون من الجيد أن تفهم ما يفكر فيه رئيسك في العمل أو ما هي الرسالة التي يحاول شريكك إرسالها عبر الغرفة، إلا أن القيام بذلك بشكل صحيح يتطلب فهم الأنماط والسلوكيات والدوافع لدى كل شخص تتواصل معه. ولهذه المهمة، من الضروري أن تكون قادرًا على التعرف على هذه الأنماط من خلال مراقبة العديد من الأفراد. خذ هذه المهارة في الاعتبار عند التعامل مع الركاب العامين أو عند التحدث مع مندوبي المبيعات في المتاجر الكبرى، أو حتى مع مصففي الشعر.

الممارسة تؤدي إلى الكمال، حيث أنه كلما قمت بتحديد الأشخاص من مختلف أنواع الشخصيات وأنماط المحادثة في كثير من الأحيان لتوصيل رسائلهم بشكل فعال. علاوة على ذلك، ستسمح لك الممارسة بالتخلي عن التحيزات والأحكام المسبقة ومراقبة الأشخاص دون إصدار أحكام سريعة حول شخصيتهم أو وضعهم الحياتي. تعد مهارات القراءة للأشخاص رصيدًا لا غنى عنه للنمو الشخصي والمهني، مما يساعدك على فهم الأشخاص ودوافعهم بشكل أفضل. إن إدراك أن ارتفاع صوت شخص ما قد لا يكون بسبب الكلام العدواني ولكن من خلال العيش مع جد مسن يعاني من فقدان السمع يمكن أن يمنحك منظورًا جديدًا. من خلال الاستماع عن كثب عندما يتحدث الناس وطرح الأسئلة ذات الصلة عنهم وإظهار الاهتمام بقصصهم، سيساعدك ذلك على بناء علاقات هادفة على المستويين المهني والشخصي. إن قضاء الوقت في التعرف على الأشخاص سيؤتي ثماره سواء في العمل أو خارجه!

الصبر والانتباه ضروريان دائمًا

تعلم كيفية الحياكة يمكن أن يكون أمرًا شاقًا. الممارسة تؤدي إلى الكمال، كما تفعل المحاولات التي لا تعد ولا تحصى في حياكة البطانيات حتى تتقن كل عقدة ـ ولكن بمجرد التركيز على المهمة الفعلية لنسج كل عقدة، تصبح مدركًا تمامًا لكل الصبر والاهتمام والتفاني المطلوب في صنع عينة واحدة من النسيج تلو الآخر. وعلى نفس المنوال، قد يبدو الاهتمام الدقيق أمرًا سهلاً من الناحية النظرية، ولكنه في بعض الأحيان يكون صعبًا عند مواجهة التواصل مع الأشخاص الذين تختلف معهم بشدة أو عند ملاحظة لغة الجسد لشخص تجده غير مثير للاهتمام ـ إتحتاج كلتا المهمتين إلى التدريب إذا أرادوا الحصول على نتائج مناسبة

يمكن أن يساعدك الصبر والانتباه في التغلب على هذا التحدي واكتساب الخبرة في معرفة وفهم الأشخاص من وجهات نظر مختلفة. فقط عندما تستمع بصبر بانتباه إلى شخص تختلف معه، ستتعلم كيفية مراقبة الأشخاص وقراءتهم بما يتجاوز القيود الشخصية.

كن أصيلًا وضعيفًا. قم بتدوين ملاحظات ذهنية عندما ترى شخصًا ما يصبح بعيدًا في منتصف المحادثة. يمكن للناس اكتشاف العداء والأحكام بسرعة؛ يعرفون عندما يحاول شخص ما المشي على قشر البيض من حولهم. لا تتوقع من شخص ما أن ينفتح عليك من خلال الجلوس خلف معطف واق من المطر مع عدسة مكبرة بينما يحاول أن يكون رسميًا أو باردًا تجاهه؛ لكي ينفتح شخص ما عليك، يجب أن يشعر بالأمان الكافي في الانفتاح عليك بحرية وأمان.

كن منفتح الذهن عند إصدار أحكامك

تمت تغطية هذا الأمر في كثير من الأحيان بما فيه الكفاية، حيث أن إصدار أحكام وتقييمات سريعة حول الأشخاص بناءً على التحيز والأحكام المسبقة هو المساهم الرئيسي في إغلاقهم أو إجراء تقييمات غير مناسبة بناءً عليها. تدرب على تأخير الحكم أو الاستنتاجات عند مراقبة شخص ما. كن حذرًا إذا كانت أفكارك الأولية تتضمن التفكير في أن شخصًا ما يرقص في الشارع يحاول لفت الانتباه ـ توقف عند هذا الحد فورًا! على سبيل المثال، إذا بدوا سعداء بما فيه الكفاية بالرقص وتعتقد أنهم "يحبون لفت الانتباه"، توقف على الفور قبل استنتاج ما قد يحدث ـ أو اعتقد أنهم يحبون أن يتم ملاحظتهم ووضع افتراضات بناءً على الافتراضات.

خاتمة

في هذه المرحلة، يجب أن يكون واضحًا أن تعلم قراءة الأشخاص هو رحلة لاكتشاف الذات وتقييمها؛ تدرك ذلك عندما تدرك أن الأمر يتعلق أيضًا بالكشف عن المزيد عنك بقدر ما يتعلق بالشخص الآخر. إن القيام بذلك يساعدنا على التعرف على القيود الموجودة داخل أنفسنا حتى نتمكن من إنشاء روابط أعمق وأكثر فائدة مع بعضنا البعض، مما يمنحنا في النهاية نظرة ثاقبة على دوافعهم وتطلعاتهم، والأهم من ذلك أفكارهم.

افهم لماذا هو بداية كل رحلة. بغض النظر عما إذا كانت كلية إدارة الأعمال أو كلية الطب أو كلية الحقوق ـ فكل شيء يبدأ بالإجابة أولاً على هذا السؤال ـ لماذا تحدث الأشياء كما تحدث. بمجرد الإجابة على هذا السؤال، كل شيء آخر يقع في مكانه بشكل عضوي. إن قراءة الأشخاص تدور حول الإجابة على هذا السؤال من أجل التواصل، وبمجرد الإجابة عليه يمكن أن تفتح جميع أنواع الاحتمالات وتزيل حواجز التحيز وسوء الفهم. فهم شخص ما يؤدي إلى علاقات أقوى. التواصل الماهر سوف يخدمك طوال تفاعلات الحياة. بدءًا من السيطرة على أحد أعضاء الفريق أو إقناع الآباء بتطلعاتك، ووصولاً إلى فهم دوافع الآخرين ومساراتهم الفكرية ـ فإن معرفة دوافع هدفك تمنحك القدرة على سماع صوتك واحترامك. يا لها من ميزة وجدتها! كانت كل صفحة من هذا الكتاب بمثابة فتح صندوق مليء بالألغاز المتعلقة بالسلوك البشري ـ فقط هذا الكتاب يقدم لمحات فقط! لا يميل البشر إلى الوقوع في فئات سوداء أو بيضاء ـ فهم يأتون في جميع أنواع الظلال! من المحتمل أنه مع مرور كل يوم، ستكتشف المزيد والمزيد عن الأشخاص الذين يعيشون معك. يمكن أن تختلف ردود أفعالهم اعتمادًا على تجارب الحياة والعواطف والتأثيرات البيئية ـ لفهمها طوال الوقت، من الأفضل أن تظل على دراية بهذه التغييرات والتكيف وفقًا لذلك.

لذا، أصبح الآن من السهل أكثر من أي وقت مضى التعرف على هذه التغييرات، من الحالة المزاجية السيئة والأشخاص السلبيين، إلى الكذب وصعوبة توصيل المشاعر. استخدمه بحكمة ومسؤولية ـ العالم يحتاج إليك! استخدم هذه النظريات في العمل ومع من تقدرهم لأن الأشجار لا تزال بحاجة إلى حرارة الشمس والمواد المغذية في التربة الجيدة من أجل البقاء. الفهم ضروري لكي يتم فهمنا، وعلينا أن نبقى متناغمين مع الطريقة التي يفكر بها الناس حتى نتمكن من حماية مصالحهم وفي نفس الوقت فهم مصالحنا. أتمنى أن تستخدم دائمًا القراءة بحكمة كوسيلة لتعميق ورعاية العلاقات الهادفة.

النهاية

www.ingramcontent.com/pod-product-compliance
Lightning Source LLC
Chambersburg PA
CBHW040908130726
48005CB00019BA/3021